最新法律文件解读丛书

刑事
法律文件解读

XINGSHI FALÜ WENJIAN JIEDU

人民法院出版社 编

总第227辑 2024.05

人民法院出版社

图书在版编目（CIP）数据

刑事法律文件解读. 总第227辑 / 人民法院出版社编. 北京 : 人民法院出版社, 2024. 8. -- (最新法律文件解读丛书). -- ISBN 978-7-5109-4215-0

Ⅰ. D924.05; D925.205

中国国家版本馆CIP数据核字第2024MA0648号

刑事法律文件解读·总第 227 辑

人民法院出版社　编

责任编辑　杨晓燕

出版发行　人民法院出版社

地　　址　北京市东城区东交民巷 27 号　邮编　100745

电　　话　（010）67550508（责任编辑）　67550558（发行部查询）
65223677（读者服务部）

客服 QQ　2092078039

网　　址　http：//www. courtbook. com. cn

E - mail　courtbook@ sina. com

印　　刷　三河市国英印务有限公司

经　　销　新华书店

开　　本　787 毫米×1092 毫米　1/16

字　　数　115 千字

印　　张　8

版　　次　2024 年 8 月第 1 版　2024 年 8 月第 1 次印刷

书　　号　ISBN 978-7-5109-4215-0

定　　价　28.00 元

卷首语

2024年2月27日，人民法院案例库正式上线并面向社会开放，这是进一步完善中国特色案例制度的重要举措，也是最高人民法院推出的新的“公共法律服务产品”。人民法院案例库收录了最高人民法院发布的指导性案例和经最高人民法院审核入库的参考案例，供各级人民法院和社会公众查询、使用、学习、研究。本辑重点收录了《人民法院案例库建设运行工作规程》及《人民法院案例库若干重要问题解读》，方便各级法院工作人员正确使用案例库、助力社会各界更好地了解案例库。

2024年4月26日，国家安全部公布《国家安全机关办理刑事案件程序规定》（以下简称《规定》），自2024年7月1日起施行。《规定》共11章360条，是规范国家安全机关刑事执法活动的重要依据，是个人和组织合法权益的重要保障，为全面提升国家安全工作法治化水平提供了有力制度支撑。本辑专门收录了《规定》，以便公众了解国家安全机关办理刑事案件程序与国家安全机关依法保障个人和组织合法权益的各项措施。

此外，在“新类型疑难案例选评”栏目，本辑收录了《某科技发展（北京）有限公司、盛某某假冒注册商标案》一文。文章针对组合商标情况下，对同一种商品的认定进行研究探讨，供相关领域审判人员在审理类似案件时借鉴。

最新法律文件解读丛书
编 辑 部

兰丽专 （010） 67550626

丁丽娜 （010） 67550608

杨晓燕 （010） 67550508

杨　洁 （010） 67550562

路建华 （010） 67550660

丁塞峨 （010） 67550656

投稿邮箱：

《刑事法律文件解读》 5184621@ qq. com

《民事法律文件解读》 1216921515@ qq. com

《商事法律文件解读》 shangshijiedu@ 126. com

《行政与执行法律文件解读》 1290312696@ qq. com

目录

司法解释、司法指导性文件与解读

部门规章、规章性文件与解读

新类型疑难案例选评

司法解释、司法指导性文件与解读

人民法院案例库建设运行工作规程

2024 年 4 月 29 日　　法〔2024〕92 号

第一章　一般规定

第一条　为做好人民法院案例库的建设和使用工作，促进法律正确统一适用，深化诉源治理，提升公正与效率，结合审判工作实际，制定本规程。

第二条　人民法院案例库是由最高人民法院统一建设的案例资源库。最高人民法院各审判业务部门负责案例收集、编选及审查等工作。最高人民法院研究室负责统筹人民法院案例库建设、案例审核等工作。

第三条　人民法院案例库收录最高人民法院发布的指导性案例和经最高人民法院审核入库的参考案例，供各级人民法院和社会公众查询、使用、学习、研究。

以审判业务领域为标准，入库案例分为刑事、民事、行政、国家赔偿、执行五种类型。根据工作需要，人民法院案例库设置相关特色专栏。

第四条　人民法院案例库收录的参考案例，应当是裁判已经发生法律效力，且对类案审判具有参考示范价值的案例。

针对同一具体法律适用问题收录的参考案例一般不超过两件。

第五条 参考案例统一编号，体例格式一般包括标题、副标题、关键词、基本案情、裁判理由、裁判要旨、关联索引。

指导性案例按照发布时的文本直接入库，保留原编号并增加入库编号。

第六条 参考案例的报送、审查、审核等工作应当在人民法院案例库平台上开展。

第七条 对于案例是否符合入库标准、是否应当出库存在重大争议的，可以提交审判委员会讨论决定。

第二章 参考案例的入库流程

第八条 中级、基层人民法院对本院已经发生法律效力的裁判，认为符合入库标准的，应当及时按照格式要求编写案例，经分管院领导审批，层报高级人民法院。

第九条 高级人民法院审判业务部门负责收集、编选、审查本院和辖区法院案例，经专业法官会议讨论，认为符合参考案例入库标准的，经分管院领导审批后送本院研究室。高级人民法院研究室审核后，根据最高人民法院审判业务条线分工，报送至最高人民法院相关审判业务部门。

第十条 最高人民法院各巡回法庭、国家法官学院（司法案例研究院）、中国应用法学研究所、人民法院新闻传媒总社等可以结合工作实际编写案例，推荐至最高人民法院相关审判业务部门。

最高人民法院各审判业务部门、研究室可以自行收集、编写案例，按照本章规定的流程审查入库。

第十一条 最高人民法院各审判业务部门负责审查本部门编写，最高人民法院各巡回法庭、国家法官学院（司法案例研究院）、中国应用法学研究所、人民法院新闻传媒总社等推荐，以及高级人民法院报送的案例。

第十二条 最高人民法院各审判业务部门对案例的事实认定、法律适用、裁判说理、价值导向等进行全面审查，经专业法官会议讨论，分别作出以下处理：

（一）认为符合入库标准的，报分管院领导审批后送研究室审核；

（二）认为基本符合入库标准，但需要修改完善的，可以直接作出修改，或者提出明确意见后退回修改；

（三）认为不符合入库标准的，终止审查并说明理由。

第十三条 最高人民法院研究室在对案例材料是否齐全、体例格式是否符合要求等进行审核的基础上，重点对案例是否符合入库标准进行审核。审核过程中，可以视情将案例送交院内外相关专家研提意见，相关工作可与案例推送部门沟通。

第十四条 最高人民法院研究室经审核，对案例分别作出以下处理：

（一）认为符合入库标准的，经文字核校后入库；

（二）认为基本符合入库标准，但需要修改完善的，可以直接作出修改，或者提出明确意见后退回修改；

（三）认为不符合入库标准的，终止审核并说明理由。

第十五条 最高人民法院研究室自行收集、编写的案例，应当征求相关审判业务部门的意见。

第三章 社会推荐参考案例的入库流程

第十六条 国家机关、法学院校、律师协会等单位，专家学者、律师及其他公民个人，可以向人民法院案例库推荐参考案例。

前款规定的单位和个人推荐参考案例的，可以通过人民法院案例库平台推荐，也可以通过信函等方式推荐。

第十七条 对于社会推荐的参考案例，一般由作出生效裁判的人民法院进行审查。

对于中央国家机关、全国性社会组织等推荐的参考案例，由最高人民法院直接审查。

对于地方国家机关、地方社会组织等推荐的参考案例，参照本条第二款的规定，由有关地方人民法院进行审查。

第十八条 社会推荐案例经审查审核入库的，最高人民法院应当向推荐人颁发证书。

第四章 入库案例的检索使用

第十九条 各级人民法院审理案件时，应当检索人民法院案例库，严格依照法律和司法解释、规范性文件，并参考入库类似案例作出裁判。

第二十条 各级人民法院审理案件时，经检索发现人民法院案例库未收录类似案例，而正在审理的案件所涉法律适用问题疑难、复杂的，可以就相关法律适用问题提出请示，或者报请提级管辖；由本院继续审理的，应当提交审判委员会讨论决定。

各级人民法院审理案件时，经检索发现人民法院案例库收录有类似案例，但认为正在审理的案件具有特殊情况，不宜参考入库案例的，应当提交审判委员会讨论决定。

前两款规定的案件对类案审判具有参考示范价值的，作出生效裁判的人民法院应当在裁判作出后三十日内编写案例，按照本规程第二章规定的流程入库。

第二十一条 各级人民法院审理案件时参考入库类似案例的，可以将类似案例的裁判理由、裁判要旨作为本案裁判考量、理由参引，但不作为裁判依据。

公诉机关、当事人及其辩护人、诉讼代理人等提交入库案例作为控（诉）辩理由的，人民法院应当在裁判文书说理中予以回应。

第二十二条　各级人民法院应当将参考入库案例作出裁判的情况作为案件质量评查内容。

第五章　参考案例的动态调整

第二十三条　人民法院案例库实行动态调整机制。

地方各级人民法院认为参考案例在法律适用方面存在不当，或者裁判理念等应当有发展、完善，不宜作为参考案例的，应当提出意见并说明理由，参照本规程第二章规定的流程层报最高人民法院相关审判业务部门审查；有适宜案例可资替换的，应当同时报送。

最高人民法院相关审判业务部门认为参考案例需要出库的，应当提出意见并说明理由，报分管院领导审批后，送研究室办理；有适宜案例可资替换的，应当同时送研究室审核。

最高人民法院研究室认为参考案例需要出库的，商相关审判业务部门处理。

第二十四条　各级人民法院认为参考案例需要作重要修改完善的，参照上述程序办理。

第六章　其他规定

第二十五条　最高人民法院研究室定期分析、通报人民法院案例库建设、使用工作情况。

各高级人民法院研究室应当定期就参与人民法院案例库建设、检索使用人民法院案例库等情况，向本院党组作出专题汇报。

第二十六条 人民法院出版社具体负责人民法院案例库建设、运行维护等工作。人民法院信息技术服务中心负责为人民法院案例库建设、运行维护提供软硬件环境基础支持。

第二十七条 根据工作需要，国家法官学院（司法案例研究院）开展入库案例检索使用等培训、教材编写和研究等工作；中国应用法学研究所加强入库案例研究工作，为入库案例的检索使用提供理论支持。

第二十八条 各级人民法院应当结合工作实际，将本院各部门及审判人员参与人民法院案例库建设工作情况纳入绩效考核。

第二十九条 指导性案例的遴选、审查、审议、使用等，适用《最高人民法院关于案例指导工作的规定》（法发〔2010〕51 号）的有关规定。

第三十条 本规程自 2024 年 5 月 8 日起施行。以前发布的文件与本规程不一致的，以本规程为准。

人民法院案例库若干重要问题解读

最高人民法院研究室案例工作小组*

2024 年 2 月 27 日，人民法院案例库正式上线并面向社会开放，标志着人民法院案例库建设工作迈出关键性一步。人民法院案例库是最高人民法院推出的新的“公共法律服务产品”，受到全国法院和社会各界的广泛关注。为便于各级法院工作人员正确使用案例库、助力社会各界更好地了解案例库，现就人民法院案例库的建设背景、功能定位、建设

* 工作小组成员主要包括：周加海、司艳丽、喻海松、石磊、贾玉慧、马蓓蓓、杨建文、李玉林、张华锋、李慧、师晓东、吕晓蕾。

历程、入库流程、体例格式及首批入库案例的基本情况等介绍如下。

一、人民法院案例库的建设背景

法律适用是由抽象到具体、由一般到个别的演绎思维过程。在此之中，由于各地经济社会发展不平衡，加之司法人员成长经历、教育背景、生活环境等存在差异，对同一法律条款往往会有不同理解，甚至造成案件处理结果不尽一致的局面。在司法审判领域，裁判标准不统一、裁判结果不一致的情况也时有出现，影响了司法权威与公信。有鉴于此，发挥案例及时灵活、针对性强、易于把握的优势，用已决案例指导类似案件的裁判，可以在“抽象到具体”的法律适用之中增加“具体到具体”的参照，符合司法规律，有利于提升司法效率、统一裁判尺度、推动法律统一适用。

最高人民法院历来重视案例工作，构建了具有中国特色的案例制度，将案例工作作为全面准确落实司法责任制的重要配套改革措施之一，不断优化案例工作机制。最高人民法院发布的案例主要包括指导性案例、典型案例、公报案例、刊物书籍案例等。其中，指导性案例方面，最高人民法院发布《最高人民法院关于案例指导工作的规定》（法发〔2010〕51号），建立指导性案例制度，自2011年以来共制发指导性案例39批共224件。典型案例方面，最高人民法院紧扣大局所需、服务国家治理，近十年来共发布典型案例超过2000件。可以说，上述各类案例在指导司法审判、统一法律适用、细化裁判标准、加强法治宣传、推动理论研究等方面发挥了积极作用。

然而，由于统筹管理、分类管理不到位等原因，一定程度上影响了案例功能的充分发挥。最高人民法院发布的指导性案例，各级人民法院审判类似案件时应当参照，但由于编选周期较长、总量相对有限、覆盖面不够广，难以充分满足实践需求。其他各类案例，由于缺乏统一的编写、审核程序和标准，质量和权威性没有充分保障，甚至还存在“同案不同判”的现象，不仅给司法审判带来困扰，也影响了社会各界学法、用法。此外，中国裁判文书网的功能重在司法公开，而非办案参考。由于中国裁判文书网收录的裁判文书已达上亿份，且没有关键词、法条等精准检索工具，用于检索类案特别耗时费力；即便检索到类案，裁判规则、裁判尺度也可能不统一，难以为办案提供权威参考。

最高人民法院在学习贯彻习近平新时代中国特色社会主义思想主题教育中，深入调查研究，突出问题导向，推动解决上述案例指导不规范、不及时、不系统、不一致和难检索等问题，更好满足社会各界和人民群众多元化司法需求，把习近平法治思想落实到审判工作全过程各方面，决定建设人民法院案例库。这是一个与中国裁判文书网相互补充、相互促进的类案检索平台，收录经最高人民法院审核认为对类案审判具有参考示范价值的案例，包括指导性案例和参考案例，旨在进一步加大案例的检索精度、认可程度、指导力度和应用广度，最大限度发挥案例的实用效能。

二、人民法院案例库的功能定位

“一个案例胜过一打文件”生动、深刻阐释了案例的重要功能。案例是人民法院的重要“法治产品”。建设人民法院案例库，收录权威、规范的案例，就是为了统一法律适用标准、提高办案质效、增强人民群众对公平正义的获得感。具体而言，人民法院案例库的功能定位主要包括以下四个方面。

一是促进法律统一适用。案例历来具有辅助司法裁判，统一法律适用的功能。英美法系国家逐步发展并确立了判例制度，明确“遵循先例”原则。与此同时，判例制度已不是英美法系国家专属的司法制度，一些具有代表性的大陆法系国家也建立了符合其国情的判例制度，发挥着指导司法审判正确适用成文法的作用。而在我国，案例传统源远流长，秦有“廷行事”，汉有“决事比”，宋有“断例”，清有“成案”。可以说，以例辅律、律例并行是中华法系的一大特色，赋予了中国特色案例制度深厚底蕴。在司法案件愈加复杂、利益诉求日趋多元的当下，确保正确、统一适用法律，更是离不开案例功能的充分发挥。建设人民法院案例库，经过最高人民法院统一审核把关，编发对类案审判具有参考示范价值的案例，逐步覆盖各类罪名和案由、各种疑难复杂法律适用问题，给法官办案提供更加权威、更加规范、更加全面的指引，是最高人民法院履行对下监督指导法定职责的必然要求，对于促进统一裁判规则和尺度，避免“同案不同判”，保障法律正确、统一适用具有重要意义。

二是促进深化诉源治理。习近平总书记强调：“法治建设既要抓末端、治已病，更要抓前端、治未病。”① 人民法院处理涉诉案件，既是化解各种社会矛盾纠纷的过程，更是参与社会治理的重要方式。人民法院案例库的入库案例，可以更加充分地发挥司法裁判的评价、引领、教育功能，从源头上预防和减少矛盾纠纷，是质量和效益更高的司法审判工作。案例是法治建设的深刻印迹，是社会“烟火”生活的映射，是活的法律与教材。人民法院案例库对社会开放，有助于人民群众通过生动鲜活的案例更好地学习法律、运用法律，增强法律意识、明晰行为边界，同时强化自我保护；发生纠纷后，可以借助入库类似案例了解裁判规则、预测诉讼结果，从而减少不必要的起诉、上诉和申诉。各类调解组织也可以通过检索案例库更好地做当事人的引导、说服工作，尽可能促成调解。这样可以起到“发布一案、教育一片”的效果，真正把“抓前端、治未病”落到实处。

---

① 《习近平谈治国理政（第四卷）》，外文出版社2022年版，第353页。

三是促进深化司法公开。习近平总书记指出，要加大司法公开力度，回应人民群众对司法公正公开的关注和期待。[①] 最高人民法院高度重视司法公开工作，切实加大裁判文书公开力度，持续优化裁判文书公开机制，不断提升裁判文书公开质效。在中国裁判文书网不断优化的同时，人民法院案例库持续收录体例规范、要素齐全、便于检索的参考案例，不仅为广大司法法律界人士提供更加精准、权威的办案参考和研究素材，也有效回应了人民群众对更深层次司法公开的现实需求。可以说，人民法院案例库是针对需求侧创新提供的新型“司法供给”和“法治产品”。

四是促进提升司法能力。进入新时代，社会主要矛盾发生变化，人民群众对民主、法治、公平、正义、安全、环境等方面的要求日益增长。近年来，得益于法治中国建设的不断加强，法官的能力素质有了明显提升，但同经济社会快速发展、法治建设不断深入、人民群众新的更高司法需求相比，差距仍然很大，总体还是跟不上、不适应。要当好法官、办好案件，必须善于学习、持续学习、终身学习。人民法院案例库集中全国法院的审判经验和智慧，将具有规则意义、典型意义的好案例汇聚起来，能够为全体法官学习提升提供一部包罗万象、与时俱进的“活教材”，有助于促进法官不断提升司法能力和裁判水平。

三、人民法院案例库的建设历程

2023年7月26日，最高人民法院党组书记、院长张军同志主持召开党组会议，研究部署案例统筹管理和人民法院案例库建设工作。最高人民法院研究室作为责任部门，会同人民法院出版社先后赴山东、江西、福建、陕西等多地紧锣密鼓地进行调研座谈，召开系统内座谈会

① 参见《习近平：依法治国依法执政依法行政共同推进》，载新华网2013年5月25日。

10余次，充分听取意见建议。结合人民法院工作实际，最高人民法院先后印发《最高人民法院关于建设人民法院案例库的通知》（法〔2023〕141号、法〔2023〕142号）及《最高人民法院关于加快推进人民法院案例库建设的通知》（法〔2023〕209号）等规范性文件，不断完善案例库建设的工作机制和具体要求。人民法院出版社负责平台的研发，按照计划完成三期平台建设及外网系统搭建，在全国范围内分区组建运维服务群，全面收集功能需求、不断完善优化系统。最高人民法院各相关部门细化工作机制，加强研究论证，认真编写审查备选案例，积极参与、支持案例库建设，齐心协力、共同推进。全国各级人民法院认真贯彻落实最高人民法院党组决策部署，狠抓落实、全力推进人民法院案例库建设工作。

面向社会各界征集参考案例，是人民法院案例库建设过程中的一大创举，是人民参与司法、监督司法的新的重要方式。最高人民法院发布《关于征集人民法院案例库参考案例的公告》，决定自2023年12月22日起拓宽参考案例来源，面向有关机关、社会组织、法学院校和科研单位及专家学者、律师、有兴趣或有研究的公民个人等开展参考案例征集工作，邀请社会各界共同建设人民法院案例库，推动人民法院案例库建设工作高质量发展。公告发布后，法学院校、全国律协，专家学者、律师同人，甚至还有中学教师等非法律界人士，积极向人民法院案例库推荐案例。截至2024年4月30日，全国法院共收到社会推荐案例500余件，其中部分已经审核入库。例如，首批入库案例“李某强制猥亵案（2024-14-1-184-001）”就是一件中学教师推荐的入库案例。为确保社会各界更加方便快捷地推荐案例，人民法院案例库平台开设线上“推荐案例”通道。用户可在线填写案例相关信息予以推荐（亦可通过信函等方式推荐），所推荐案例经人民法院审查审核后，符合入库标准的，将及时收录入库。最高人民法院还将向推荐人颁发证书。对于社会推荐的入库案例，平台也会自动标识“社会推荐”字样。

在全国法院和社会各界的共同努力下，人民法院案例库的入库案例品质不断提升、结构日益优化，在2024年2月27日正式上线并面向社会开放之日入库案例达到3711件。此后，入库案例数量呈动态更新状况。截至2024年4月30日，人民法院案例库的入库案例数量达到3886件。其中，刑事案例共1484件，占比38.19%；民事案例共1729件，占比44.49%；行政案例共438件，占比11.27%；国家赔偿案例共26件，占比0.67%；执行案例共209件，占比5.38%。上述入库案例基本实现了对常见罪名、多发案由的“全覆盖”。盗窃、帮助信息网络犯罪活动、诈骗、故意伤害及毒品犯罪等常见犯罪，民间借贷纠纷、婚姻家庭纠纷、机动车交通事故责任纠纷等案件体量较大的案由，均收录了一批入库案例。可以说，目前案例库入库案例的总量虽然还比较有限，但在指导常见案件办理、处理常见法律适用问题方面，已基本能满足司法实践所需。当然，案例库对司法审判中常见“问题点”的覆盖还远远不够。下一步，会持续针对案例库的空白罪名、案由，特别是尚未涉及的法律适用问题，优先选取案例入库，力争尽早实现“覆盖各类罪名、案由，在同一罪名、同一案由下的不同法律适用问题也将有相应案例”的建设目标。

人民法院案例库正式上线并向社会开放，舆论反响积极热烈。“找案例、用案例，就上人民法院案例库”的局面正在逐步形成。截至2024年4月30日，人民法院案例库平台浏览量731万人次，访问人数132.7万人，注册用户数42.7万个，已有95个国家的用户访问人民法院案例库。案例库已成为服务司法审判、公众学法、学者科研、律师办案的权威平台，也是世界各国观察中国司法、中国法治的重要窗口。

人民法院案例库的网址是https：//rmfyalk.court.gov.cn。最高人民法院官网首页设有“人民法院案例库”图标，可直接点击进入。新用户根据提示注册账号后，即可登录检索查阅案例。登录后，可以通过选择输入栏左侧的全文、案例编号、标题、关键词、基本案情、裁判理由、裁判日期等选项进行检索，亦可通过高级检索选项进行更精准检索。此外，还可以点击首页下方的“刑事”“民事”“行政”“国家赔偿”“执行”图标查阅五大审判业务领域下的所有案例。为彰显对老幼等特殊群体权益的司法保护，满足用户多层次、多样化的案例需求，人民法院案例库还设有“涉老年人保护案例”“涉未成年人保护案例”等特色专栏。下一步，案例库平台将不断优化各类功能，提升用户友好度，探索开发“人民法院案例库 App”手机客户端，让社会公众指尖可享“公共法律服务产品”。

人民法院案例库上线并面向社会开放后，社会各界广泛关注，这对人民法院案例库建设工作提出更高要求、更严标准。为进一步做好人民法院案例库建设和使用工作，2024 年 5 月 6 日，最高人民法院印发《人民法院案例库建设运行工作规程》（法〔2024〕92 号），对入库流程、社会推荐、检索使用、动态调整等内容作出明确。这标志着人民法院案例库建设和使用进入更加规范的新阶段，必将促进各级人民法院更加重视案例库建设，更好完成案例推送、审查、审核入库工作，更加准确参考入库类似案例作出裁判，推动人民法院案例库持续健康发展。

四、入库案例的筛选流程和效力定位

入库案例包括指导性案例和参考案例两大类别。指导性案例在案例体系中处于“金字塔尖”的位置，属于当然入库的案例。参考案例则需要历经严格的审查审核程序，方可入库。关于指导性案例的遴选、审查、审议、使用等，《最高人民法院关于案例指导工作的规定》（法发〔2010〕51 号）已有明确规定，兹不赘言。在此，主要就参考案例的入库标准、入库流程、动态调整和效力定位加以介绍。

（一）参考案例的入库标准

参考案例的入库标准为“精准聚焦审判工作中需要明确规则、加强指导的司法实践问题，收集、编选、审查具有典型参考示范作用的案例，确保入库案例具有裁判规则意义或者裁判指引作用，在审判实践中能够发挥统一法律适用、以案释法等方面的价值”。而且，参考案例体现的类案裁判规则要客观、准确、体系协调，针对同一具体法律适用问题收录的参考案例一般不超过2件，避免发生案例间裁判规则互相冲突的现象，保证裁判规则的权威性和指导性。此外，在方法理念、机制创新、调解规则等方面具有借鉴参考意义的调解案例、涉老年人特殊群体等司法案例也可以作为参考案例入库。

简言之，入库参考案例主要涵括两种情形：一是重在规则指引，即案例必须在司法理念、政策导向、法律适用、裁判尺度、工作方法等方面具有典型性、指导性，能够为类案办理提供权威参考；二是兼顾规范引领，做实“为大局服务、为人民司法”，注重围绕党和国家中心工作、社会各界和人民群众关切收录案例，充分发挥司法裁判的评价、规范、引领功能，有效促进经济社会高质量发展，增进民生福祉，积极融入国家和社会治理。

（二）参考案例的入库流程

参考案例的遴选、编研、入库等程序设计，坚持了“四级法院携手联动、各审判业务条线各司其职”的思路，以有效保证案例来源的广泛性、审核把关的权威性。具体而言，参考案例入库大致需要历经编写报送、审查推送、审核入库等系列程序。

1. 编写报送

入库参考案例主要来源于地方法院报送的案例，同时也包括最高人民法院办理的案件。中级人民法院、基层人民法院对本院已经发生法律效力的裁判，认为符合入库标准的，可编写备选参考案例报送。各高级人民法院聚焦审判工作中需要明确规则、加强指导的司法实践问题，收集、选编、审查本院和本辖区内具有典型参考示范作用的生效案例，认为符合入库标准的，经本院院领导审批，向最高人民法院相关审判业务部门报送。

2. 审查推送

最高人民法院各审判业务部门分为 18 个业务条线对入库备选案例进行审查。各高级人民法院报送及最高人民法院各有关部门选编的案例，先按条线由最高人民法院相关审判业务部门进行审查，审查时要提交专业法官会议集体讨论，对备选案例的事实认定、法律适用、裁判说理、价值导向等作全面、严格的把关。经审查认为符合入库标准的，报分管院领导审批后送最高人民法院研究室审核。

3. 审核入库

最高人民法院研究室对入库备选案例进行审核。研究室在对案例材料是否齐全、体例格式是否符合要求等进行审核的基础上，重点对案例是否符合入库标准进行审核。为确保审核质量，建立院内专家跨部门交叉复核、院外专家协同复核把关的常态化工作机制，视情将案例送交院内外相关专家研提意见，为案例质量再加一道“保险栓”。对于经过审核、复核符合入库标准的案例，在入库前需要进行文字核校，尽力避免案例文字表述出现错误。

（三）参考案例的动态调整

人民法院案例库实行动态调整机制，参考案例入了库并不意味着就进了“保险箱”。为确保入库案例不断完善，最高人民法院各审判业务部门、研究室将定期检查审判业务条线相关入库案例，跟进法律、司法解释、规范性文件立改废进程，及时组织补充、更新、清理相关案例，确保入库案例始终具有指导性、权威性和典型性、时效性。对于入库参考案例不再符合入库标准，或者虽然符合入库标准但有更适宜的案例需要替换的，将及时出库、替换案例。

按照工作流程，地方各级人民法院认为参考案例在法律适用方面存在不当或者裁判理念等应当有发展、完善，不宜作为参考案例的，应当提出意见并说明理由，层报最高人民法院相关审判业务部门审查。最高人民法院相关审判业务部门认为入库案例需要出库的，应当说明理由，报分管院领导审批后，送研究室办理。最高人民法院研究室认为入库案例需要出库的，商相关审判业务部门处理。同时，人民法院案例库在每个入库案例下方设有用户评价和意见建议反馈通道，社会各界均可针对有关案例所确立的裁判规则是否正确、是否妥当等发表意见建议，促进人民法院案例库动态调整。截至2024年4月30日，共收到意见建议399条。其中，关于案例文本的修改完善建议127条，关于新增相关领域案例的建议77条，关于优化平台功能的建议152条，其他建议43条。对上述建议已作了认真梳理和分析研究，不少建议已被采纳。

（四）参考案例的效力定位

参考案例在效力方面与最高人民法院此前发布的典型案例、公报案例、刊物案例明显不同。人民法院案例库收录的案例，均系经最高人民法院审核认为对类案审判具有参考示范价值的案例。案例库上线后，各级人民法院审理案件，应当检索人民法院案例库，严格依照法律和司法解释、规范性文件，并参考入库类似案例作出裁判，避免“同案不同判”。各级人民法院审理案件时，经检索发现人民法院案例库未收录类似案例，而正在审理的案件所涉法律适用问题疑难、复杂的，可以就相关法律适用问题提出请示，或者报请提级管辖；由本院继续审理的，应当提交审判委员会讨论决定。各级人民法院审理案件时，经检索发现人民法院案例库收录有类似案例，但认为正在审理的案件具有特殊情况，不宜参考入库案例的，应当提交审判委员会讨论决定。前述案件对类案审判具有参考示范价值的，作出生效裁判的人民法院应当在裁判作出后及时编写案例，按照规定流程入库。

五、入库案例的体例格式

入库案例包括指导性案例和参考案例两大类别。对于指导性案例，按照发布之时的文本直接入库。故而，在此主要围绕参考案例的体例格式加以介绍。具体而言，人民法院案例库入库参考案例的体例主要包括编号、标题、副标题、关键词、基本案情、裁判理由、裁判要旨、关联索引八个部分。

（一）关于编号

入库参考案例的编号具有唯一性，相当于参考案例的“身份证号”。编号共 13 位数字，分 5 个字段，分别标示案例收录年度（4 位数），案例审查业务部门（号段为 01—18，依次代表最高人民法院立案庭、刑一庭、刑二庭、刑三庭、刑四庭、刑五庭、民一庭、民二庭、民三庭、民四庭、环资庭、行政庭、知识产权法庭、少年法庭、赔偿办、审监庭、执行局、研究室），审判执行业务领域（号段目前为 1—6，依次代表刑事、民事、行政、国家赔偿、执行、调解），罪名或案由编号（3 位数）、案例序号（3 位数）。例如，参考案例“田某诉杨某生命权、健康权、身体权纠纷案”的编号为“2023-07-2-001-001”，“2023”代表案例收录年度，“07”代表本案系由最高人民法院民一庭审查推送，“2”代表民事案例，“001”代表第一个民事案件三级案由，即“生命权、健康权、身体权纠纷”，“001”为本年度该案由下收录的第一个案例。鉴于各审判业务领域案例的具体情况不同，罪名或者案由的编号规则略有差异，有必要作一简要介绍。

1. 刑事案例的罪名编号

罪名编号系根据刑法分则规定的 483 个罪名依次排列。编写之中偶遇的问题是，对一些不负刑事责任的案例如何对应罪名编号。例如，有些案例适用的是依法不负刑事责任的精神病人的强制医疗程序。经研究，对此类案例可根据行为人涉嫌的罪名或者实施暴力行为客观上对应的罪名进行编号，以保证案例编号的标准统一。此外，对涉及多个罪名的案例，根据第一个罪名进行编号。

2. 民事案例的案由编号

根据《最高人民法院印发〈关于修改《民事案件案由规定》的决定〉的通知》，民事案件案由体系为总分式四级结构的设计。其中，473 个第三级案由是司法实践中最常见和广泛使用的案由，可覆盖大部分民事案件。基于此，民事案例的案由编号主要是根据第三级案由排序。同时，考虑到民事法律关系的复杂性，对于没有相应的第三级案由的案例，可以适用相应的第二级案由。因此，在 473 个第三级案由编号后续编了 54 个第二级案由编号，以保证案由编号涵盖范围的全面性。

3. 行政案例的案由编号

考虑到行政案例的数量相对较少，案由编号主要根据《最高人民法院印发〈关于行政案件案由的暂行规定〉的通知》（法发〔2020〕44 号）规定的 22 个二级案由进行编号。同时，根据《最高人民法院关于增加部分行政案件案由的通知》（法〔2019〕261 号）增加的知识产权授权确权和涉及垄断的行政案件案由，在前述 22 个案由基础上续编植物新品种、专利、集成电路布图设计、商业秘密、垄断、不正当竞争、商标、著作权等相关行政案件 8 个案由编号。

4. 国家赔偿案例的案由编号

根据《最高人民法院印发〈关于司法赔偿案件案由的规定〉的通知》（法〔2023〕68 号）等有关规定，国家赔偿案件案由体系分为三级。考虑到总体案由较少且有的二级案由下没有三级案由，为了保证编号体系协调，国家赔偿案例编号中的案由字段（3 位数）组成为：第一位表示一级案由，第二位表示二级案由，第三位表示三级案由，根据具体情况对应编号。例如，违法刑事拘留赔偿案例的案由编号为“111”，即第一个一级案由“刑事赔偿”下的第一个二级案由下的“人身自由损害刑事赔偿”下的第一个三级案由。又如，如果一些特殊案例没有对应的二级案由和三级案由，需要适用“刑事赔偿”一级案由的，则案由编号为“100”。

5. 执行案例的案由编号

鉴于执行案件目前尚无案由规定，执行案例的案由编号主要参照《最高人民法院关于人民法院案件案号的若干规定》中人民法院案件类型及其代字标准的有关规定，执行案例编号中的案由字段（3 位数）中，第一位数用 1、2、3 分别表示执行案件的三种分类（执行实施类案件、执行审查类案件、其他执行案件）；第二位数、第三位数表示该类之下的具体类型。例如，有关执行复议案例，案由编号为“202”，即为执行审查类下第二个执行复议类型。

需要提及的是，指导性案例发布时已经编号（原为“指导案例××号”，自第 192 号案例开始，调整为“指导性案例××号”），收录入库时在保留原编号的同时，再赋予入库编号。其中，年度字段设置为指导性案例发布的年度，部门序号使用研究室序号（18），另外三个字段参照入库参考案例编号的设置规则。

此外，未来将探索为每个入库案例设置一个识别码，实现手机扫描识别后即可打开查阅相关案例内容。

（二）关于标题

刑事参考案例的标题一般由被告人姓名或者被告单位名称加罪名组成，如“袁某某盗窃案（2023-14-1-221-001）”。但是，对于不构成犯罪的案件，如正当防卫、宣告无罪或者强制医疗的案例，标题不再参照上述规则，如“唐某华、杨某祥正当防卫案（2024-05-1-179-001）”“张某搏合同诈骗宣告无罪案（2023-03-1-167-004）”“潘某强制医疗案（2024-02-1-013-001）”等。民事、行政、国家赔偿参考案例的标题一般由案件当事人姓名或名称加案由组成，如“吴某某诉上海某某生物科技有限公司买卖合同纠纷案（2023-07-2-084-060）”。执行参考案例的标题可以由案件当事人姓名或名称加执行审查程序组成，如“索某某与许某某等执行复议案（2024-17-5-202-022）”。

（三）关于副标题

副标题为一句话，主要鲜明体现参考案例所要解决的法律适用问题，反映参考案例的价值、精髓、核心。例如，鉴于“唐某华、杨某祥正当防卫案（2024-05-1-179-001）”的争议问题主要涉及对行为人防卫之时不法侵害是否仍在进行，以及防卫行为是否构成防卫过当的认定，且裁判要旨也主要围绕这两个层面展开，故将副标题确定为“正当防卫时间条件、限度条件的把握”。

（四）关于关键词

关键词为词或词组，一般由刑事、刑事诉讼、民事、民事诉讼、行政、行政诉讼、国家赔偿、执行等词引领，第二个关键词一般是罪名或者案由，然后再依次列出与参考案例解决的问题、总结的裁判要旨有密切关联的词语。关键词要全面、准确、具体，便于检索。关键词的位置在副标题之后，基本案情之前。

（五）关于基本案情

基本案情部分可以先准确、简明地概述控（诉）辩意见，再叙述法院经审理查明的事实，也可以直接叙述法院审理查明的事实。关键要写明与裁判要旨关联的基本事实，有针对性，要完整、准确、概括地反映案件的基本情况，表述要通俗易懂、层次清楚、重点突出、详略得当、简明扼要。基本案情部分最后另起一段简述案例的裁判结果，包括诉讼经过和结果，写明案件的裁判法院、裁判时间、案号和裁判主文。裁判结果是判决或者裁定的主文，应当准确、规范。对于裁判结果所涉被告人或者被告单位、罪名数量较多的，可以简略叙述裁判结果。

（六）关于裁判理由

裁判理由主要摘自生效裁判文书中“法院认为”部分的内容。裁判理由是人民法院针对案件事实，根据法律法规、司法解释、政策的精神，从法理、事理、情理等方面，详细论述法院裁判的依据、理据。一审、二审等不同程序裁判理由不一致的，一般只写生效裁判的论述理由。裁判理由的表述应当准确、精当、透彻，与叙述的基本案情前后照应，并注意结合选定案例的社会背景，体现裁判政治效果、社会效果和法律效果的统一。

（七）关于裁判要旨

参考案例本质是对办案经验的总结推广，借此解决司法疑难问题。因此，裁判要旨的准确撰写是确保参考案例质量的关键。裁判要旨是参考案例拟解决问题的概要表述，简要归纳和提炼参考案例体现的具有类案参考、指引作用的裁判规则、理念或方法等，以及审理类似案件应当注意的问题。裁判要旨应当概括、精练，结论明确，语义准确。裁判要旨阐释提炼的规则、理念、方法等，为两个以上的，按照裁判要旨的重要性或者逻辑关系用阿拉伯数字标示。

（八）关于关联索引

关联索引主要包括两个部分：一是相关法条；二是裁判信息。相关法条部分需列明本案裁判适用的相关法律及条文序号。涉及不同法律的，按法律位阶依次起行并列排列；涉及同一法律不同条文的，按条文的先后次序排列，亦可根据与案例关联的紧密程度排序。裁判信息部分依序分段列明案件一审、二审、再审、执行审查等情况。列明裁判法院、案号、裁判类型和裁判日期。对于特殊案件，如涉未成年人案件，关联索引部分一般会隐去相关裁判信息。

（九）关于姓名等信息的处理

入库参考案例均对涉及的自然人姓名、法人和非法人组织的名称作了隐名处理，对相关的身份证号码、统一社会信用代码、通信方式、银行账号、地址、车牌号码等信息作了删除等技术处理。对行政案例中的被告，包括行政机关和法律法规规章授权的组织，以及国家赔偿案例中的赔偿义务机关等名称，原则上不作隐名处理。同时，鉴于删除知识产权案例中的专利名称、商标名称、商号和知识产权行政管理部门等信息可能会影响对基本案情的理解，故一般保留此类信息。

六、首批入库案例的基本情况

首批入库案例为后续入库案例的编选入库提供了范例，值得梳理总结。基于此，为了对未来入库案例编选提供指引借鉴，也为了让社会公众更全面了解案例库的“产品标准”，在此对首批入库案例的特点属性加以具体阐释。

（一）精准服务大局，助力高质量发展

聚焦大局、服务大局、保障大局，是人民法院的优良传统。最高人民法院充分发挥司法优势建设人民法院案例库，正是构建精准服务大局的载体和平台，以案例带动各项审判业务精准助力高质量发展。这就要求入库案例体现时代性，牢牢把握以人民为中心的立场，切实回应党和国家大局所需、人民群众迫切期盼。例如，首批入库案例收录了一批关于民营企业产权和企业家权益保护、知识产权保护等相关领域的案例，以案例的形式强化司法裁判规则供给，指引各级人民法院依法公正、妥善处理案件，进一步推动经济社会高质量发展。

（二）注重案件“新鲜度”，确保案例时效性

入库参考案例系根据人民法院作出的生效裁判改编的，一般不限制裁判生效的时间。一些情形下，对于作为裁判依据的法律、司法解释等已被修改，但对涉及的法律适用问题等仍具有参考示范作用，裁判要旨与现行法律、司法解释等一致，符合入库标准的案例同样可以入库。换言之，案例的裁判生效时间远近不是判断是否符合入库条件的绝对标准，关键在于是否具有参考指引价值，是否符合入库标准。实际上，一些案例的生效裁判时间尽管较为久远，但只要具有参考示范价值的，依然可以收录入库。例如，从司法实践来看，正当防卫案件的处理往往存在重大争议，乃至承受法律以外的压力。为确保正当防卫制度依法正确适用，人民法院案例库首批收录了34件涉正当防卫的入库案例。该批案例的裁判生效时间跨度相对较大。其中，“叶某朝正当防卫案（2024-18-1-177-001）”发生在1997年刑法施行之前，裁判作出时间为1997

年刑法施行伊始，可以说是“老古董”。但是，该案属于对 1997 年刑法增设的特殊防卫制度适用的较早案件，对于特殊防卫的适用前提、防卫手段和防卫限度等具体问题的认定和政策整体把握具有很强的规则指引意义，故将其予以收录。此外，还收录了“唐某华、杨某祥正当防卫案（2024-05-1-179-001）”，该案则为 2024 年初才作出生效裁判的新案例，同样为正当防卫时间条件、限度条件的把握提供了类案规则指引。

当然，在具有选择余地的前提下，入库案例优先选择新近案件，即对于涉及同一法律适用问题的，一般优先选用生效时间在后的案件。特别是，在新法律、司法解释及规范性文件发布后，更加注重收集、编选依照新法律、司法解释等作出裁判的案例，以便发挥案例“快”的优势，及时为案件审理提供参考指引。例如，2023 年 12 月《最高人民法院、最高人民检察院、公安部、司法部印发〈关于办理醉酒危险驾驶刑事案件的意见〉的通知》（高检发办字〔2023〕187 号），对醉酒型危险驾驶罪的定罪量刑标准和有关法律适用问题作了新的规定。为此，人民法院案例库首批收录了 42 件适用最新意见审理的醉驾案例，切实发挥指导审判、服务社会的功能。此外，还需要特别注意的是，如果由于立法修改导致所涉案例的裁判规则针对的法律适用问题已不复存在，或者由于经济社会发展使所涉案例提炼的裁判要旨已无指导意义的，则不应当收录入库。

需要提及的是，案例“新鲜度”还包括随着经济社会发展而产生的新类型案例。例如，下班以后还要在线加班，是网络时代劳动者面临的、带有相当普遍性的新现象新问题。对此，案例库收录了全国首例在裁判文书中明确“隐形加班”的案例，即“李某艳诉北京某科技公司劳动争议案（2024-18-2-490-002）”，通过裁判要旨确立“隐形加班”的认定标准，即“对于用人单位安排劳动者在非工作时间、工作场所以外利用微信等社交媒体开展工作，劳动者能够证明自己付出了实质性劳动且明显占用休息时间，并请求用人单位支付加班费的，人民法院应予支持”。又如，“外卖小哥”等新业态从业者权益保护问题是与互联网经济相伴而生的“新问题”，尤其是与用工平台之间是否存在劳动关系更是司法审判的“大难题”。人民法院案例库收录“某服务外包有限公司诉徐某确认劳动关系纠纷案（2023-07-2-186-010）”，确立该类案件的劳动关系认定标准，在裁判要旨部分明确“外卖骑手与所服务企业之间的法律关系应根据双方之间的实际权利义务内容予以认定”“骑手与所服务企业均具备劳动关系主体资格，且实际履行的权利义务内容符合劳动关系从属性本质特征的，可认定双方存在劳动关系”。

（三）直面法律争议问题，保证案例品质

入库案例不仅要满足“没有错”这个底线要求，还应当达到“有价值”的高质量标准。入库案例重在发挥规则指引价值，自然应当直面司法实务疑难问题。基于此，人民法院案例库在建设过程中并没有为了追求稳妥而刻意选编那些没有争议、四平八稳的案例。相反，有些入库案例可能存在一定争议，各方可能会对所涉问题有不同看法。从促进法律正确、统一适用这个基本目标看，越是“同案不同判”的案件，越是疑难、复杂、争议的问题，通过编发入库案例加以统一指导的价值越高。

注重围绕疑难、复杂、争议问题选编案例，是首批入库案例的特点之一。例如，此前社会高度关注的“PUA 第一案”，即“牟某某虐待案（2024-18-1-214-001）”，被作为参考案例入库。该案在处理过程之中即存在一定争议。刑法第二百六十条未对虐待罪中“家庭成员”的范围作出明确界定，而对处于婚前同居关系的情侣是否属于“家庭成员”，理论界和实务界均存在较大争议。“社会在发展，司法须前行”。为有效保护被害人人身权利，确有必要根据经济社会发展与转型的现实

情况，及时明晰虐待罪中“家庭成员”的范围。该案例的裁判规则明确：“与行为人具有共同生活事实，处于较为稳定的同居状态，形成事实上的家庭关系的人，也可以认定为刑法上的‘家庭成员’”，从而将虐待罪的适用范围拓展至包括事实家庭关系在内。又如，“隔代探望权”是近年来婚姻家庭关系中出现的新问题。父母离婚后，祖父母、外祖父母对孙子女、外孙子女尽了抚养义务的，或者孙子女、外孙子女的父母一方死亡的，祖父母、外祖父母是否享有隔代探望权，实际存在较大认识分歧。民法典（草案）曾对祖父母、外祖父母的隔代探望权作出规定，后因各方未达成共识，删去相关条文。问题固然可以慢慢争辩，理论也可以继续探讨，但司法实务必须及时处理案件。为此，案例库有针对性地收录了“沙某诉袁某探望权纠纷案（2023-07-2-027-002）”，明确了相关案件的裁判规则。本案裁判法院认为，隔代探望除满足成年亲属对未成年人的情感需求外，也是使未成年人可以获得更多来自成年亲属关爱的一种途径，符合中国传统家庭伦理观念、公序良俗和社会主义核心价值观。基于未成年人利益最大化理念，裁判支持原告隔代探望的诉讼请求，同时对隔代探望作了相应条件限制，即隔代探望不得影响未成年人正常生活和身心健康。由此，本案例裁判要旨明确：“未成年人的父或母一方死亡，（外）祖父母向人民法院申请隔代探望（外）孙子女的，人民法院应当坚持最有利于未成年人、有利于家庭和谐的原则，在不影响未成年人正常生活和身心健康的情况下，可以予以支持。”

需要提及的是，“同案同判”需要建立在相同的事实基础之上。社会生活复杂多样，案件情况千差万别，区分不同具体案情甚至细微差异作出不同处理应属当然。例如，首批入库案例“曹某洋侵占案（2023-04-1-225-002）”“贾某甲、贾某乙盗窃案（2023-05-1-221-028）”“关某某、赵某职务侵占案（2024-05-1-226-008）”均涉及出借出售银行卡进而取走卡内资金这一看似相同的案情，但所涉案件存在细微差异，且正是由于细微差异导致案件定性不同。就“曹某洋侵占案”而言，实际系出借人借出银行卡后，不愿意继续出借遂将银行卡挂失并冻结卡内资金，后因协商不成补办新卡并将所涉资金转入。对于挂失冻结银行卡的行为，由于借卡人（存款人）亦事后知晓，并提出愿意支付“好处费”，故对所涉行为评价为民事纠纷为宜。但无论如何，行为人此时对银行卡中冻结的资金建立实际持有，属于“代为保管”他人资金，符合侵占罪的前提条件，加之后续补办新卡并将所涉资金转入的行为，可以认为具备“拒不退还”的要件，应当根据刑法第二百七十条的规定，以侵占罪论处。与之不同，“贾某甲、贾某乙盗窃案”则属于典型的“黑吃黑”，对其适用盗窃罪符合司法实务的惯常做法。而职务侵占罪表现为单位工作人员利用职务上的便利，将本单位财物非法占为己有的行为，实际上包括“监守自盗”，即利用职务便利实施的盗窃罪。考虑到单位借用员工银行卡，进而将单位钱款存入银行卡，实际赋予了员工为单位利益管理该银行卡、保管卡内钱款的职权。尽管所涉问题可能存在一定争议，但职务侵占罪中的职务便利与贪污罪中的职务便利存在一定区别已是理论通说和实务共识，加之认定为职务便利实际有利于被告人，故“关某某、赵某职务侵占案”对出借银行卡给单位后又通过挂失、补卡等行为将单位钱款取出自用的行为定性为职务侵占罪。总而言之，上述三个入库案例所涉案情看似相同，实则在细节上存在重大差异，进而影响到具体定性。对此，在查询使用案例库之时应当注意全面细致把握案情，防止“以偏概全”地找案例，更要防止机械套用到正在审理的案件之中造成“错判”。

（四）注重规范引领，助推社会治理

党的二十大报告明确要求“深入开展法治宣传教育，增强全民法

治观念”，强调“公正司法是维护社会公平正义的最后一道防线”。建设人民法院案例库，正是人民法院认真落实“谁执法谁普法”普法责任制，积极引领社会法治意识的具体举措。入库案例绝大多数发生在群众身边，件件连着民心。首批入库案例注重发挥司法裁判的评价、引领、教育功能，让法治观念深入人心，从源头上预防和减少矛盾纠纷，促进社会治理，努力让人民群众的获得感、幸福感、安全感更加充实、更有保障、更可持续。

例如，近年来，随着经济社会发展，高额彩礼问题凸显，纠纷日益增多，甚至引发恶性案件，引起社会各界持续热议。为统一彩礼返还纠纷案件的司法裁判规则，给相关当事人提供行为指引，引导人民群众更加理性看待彩礼问题，人民法院案例库首批收录了4件彩礼返还纠纷案例，就彩礼与恋爱期间一般赠予的区别认定、确定是否返还及返还彩礼的具体比例时应当重点考量的因素、如何平衡双方当事人利益，特别是妇女合法权益的保护等问题作出进一步明确，做到既尊重传统习俗，又明确禁止以彩礼为名索取财物，引领社会新风尚，让婚姻始于爱，让彩礼归于“礼”。

又如，长期以来，由于“知假买假”固然可以惩治制假售假行为，但也客观存在借维权敲诈勒索等现象，时常成为社会热议的问题。司法实践中，对于明知食品存在质量问题仍然购买者能否被认定为消费者、要求10倍惩罚性赔偿的诉讼请求是否应当予以支持等问题，相关裁判长期不甚统一。为进一步统一类案裁判规则，引导生产经营者合法生产经营、消费者理性维权，人民法院案例库在将指导性案例“孙某山诉南京欧某超市有限公司江宁店买卖合同纠纷案（指导案例23号）”入库的同时，收录了4件涉食品安全惩罚性赔偿的参考案例，分别从不同角度明确了食品安全惩罚性赔偿问题的类案裁判规则，充分发挥入库案例的参考指引价值和社会规范引领作用。整体来看，该5件案例明确支持消费者的维权行为，发挥人民群众的监督作用，有效遏制食品领域的违法生产经营行为；同时，明确在“生活消费需要”范围内支持“购买者”关于支付价款10倍惩罚性赔偿金的诉讼请求。而关于“生活消费需要”范围的合理界定，则需要在司法实践中根据个案具体情况来具体把握。对此，在“沙某诉安徽某食品科技有限公司买卖合同纠纷案（2024-07-2-084-004）”中，裁判法院认定沙某首单购买30盒“黄芪薏米饼干”符合合理生活消费需要，但沙某又多次追加购买多达200盒饼干，明显超出了合理生活消费需要范围。此外，生活消费需要范围不能仅以消费总量为判断标准，还要看消费行为方式和习惯是否合理。在“张某诉上海某生鲜食品有限公司买卖合同纠纷案（2024-07-2-084-002）”中，张某46次刷卡购买46枚过期咸鸭蛋，尽管购买总量没有超出生活消费需要范围，但购买方式明显不符合通常消费习惯，如果按照每次结算赔偿1000元的标准累计计算惩罚性赔偿金（46次为46000元），则与食品安全法第一百四十八条第二款规定的惩罚性赔偿制度精神不符。据此，裁判法院依法认定在总价款101.2元基础上支持10倍惩罚性赔偿1012元。可以说，上述入库案例所确立的裁判规则，促进了延宕多年的“知假买假”裁判标准不统一问题得到规范，既能充分发挥惩罚性赔偿制度的应有作用，又可以有效防止有人通过钻法律空子谋取不当利益，让生产经营者“小过担重责”。

人民法院案例库建设是一项长期工程，永远“只有进行时、没有完成时”，又是一项公共工程，需要大家“齐动手、共努力”。我们相信，有全国法院的齐心协力，有社会各界的广泛支持，人民法院案例库建设必将稳步推进，为人民群众提供更优更多的高质量“法治产品”，推动中国特色案例制度不断健全完善。

部门规章、规章性文件与解读

国家安全机关办理刑事案件程序规定

（2024 年 4 月 16 日国家安全部部务会议审议通过
2024 年 4 月 26 日国家安全部令第 4 号公布
自 2024 年 7 月 1 日起施行）

目　录

第一章　总　　则

第一条　为了保障《中华人民共和国刑事诉讼法》的贯彻实施，

保证国家安全机关在刑事诉讼中正确履行职权，规范办案程序，确保办案质量，提高办案效率，根据有关法律，制定本规定。

第二条 国家安全机关在刑事诉讼中的任务，是保证准确、及时地查明犯罪事实，正确应用法律，惩罚犯罪分子，保障无罪的人不受刑事追究，教育公民自觉遵守法律，积极同危害国家安全的犯罪行为作斗争，维护社会主义法制，尊重和保障人权，保护公民的人身权利、财产权利、民主权利和其他权利，维护国家主权、安全、发展利益，保障社会主义建设事业的顺利进行。

第三条 国家安全机关在刑事诉讼中的基本职权，是依照法律对危害国家安全的刑事案件立案、侦查、预审；决定、执行强制措施；对依法不追究刑事责任的不予立案，已经追究的撤销案件；对侦查终结应当起诉的案件，移送人民检察院审查决定；对不够刑事处罚的犯罪嫌疑人需要行政处理的，依法予以处理或者移送有关部门；对被判处有期徒刑，在被交付执行前剩余刑期在三个月以下的罪犯，由看守所代为执行刑罚；执行驱逐出境。

第四条 国家安全机关进行刑事诉讼，必须依靠群众，以事实为根据，以法律为准绳。对于一切公民，在适用法律上一律平等，在法律面前，不允许有任何特权。

第五条 国家安全机关进行刑事诉讼，同人民法院、人民检察院分工负责，互相配合，互相制约，以保证准确有效地执行法律。

第六条 国家安全机关进行刑事诉讼，依法接受人民检察院的法律监督。

第七条 国家安全机关办理刑事案件，应当与公安、保密、监狱等有关部门和军队有关部门加强协作，共同维护国家安全。

第八条 国家安全机关在刑事诉讼中，应当保障犯罪嫌疑人、被告人和其他诉讼参与人依法享有的辩护权和其他诉讼权利。

第九条 犯罪嫌疑人、被告人自愿如实供述自己的罪行，承认指控的犯罪事实，愿意接受处罚的，可以依法从宽处理。

第十条 国家安全机关办理刑事案件，应当重证据，重调查研究，不轻信口供，严格按照法律规定的证据裁判要求和标准收集、固定、审查、运用证据。严禁刑讯逼供和以暴力、威胁、引诱、欺骗以及其他非法方法收集证据，不得强迫任何人证实自己有罪。

第十一条 国家安全机关进行刑事诉讼，应当加强执法规范化建设，完善执法程序，严格执法责任，严格执行执法监督制度。

第十二条 国家安全机关办理刑事案件，应当向同级人民检察院提请批准逮捕、移送审查起诉。

第十三条 国家安全机关办理刑事案件，对于不通晓当地通用的语言文字的诉讼参与人，应当为他们提供翻译。

在少数民族聚居或者多民族杂居的地区，应当用当地通用的语言进行讯问。对外公布的诉讼文书，应当使用当地通用的文字。

第十四条 办理外国人犯罪案件，应当依照我国法律法规和有关规定，做好国籍确认、通知通报等工作，落实相关办案要求。

第十五条 国家安全机关及其工作人员在刑事诉讼中，应当严格依法办案，不得超越职权、滥用职权。

任何组织和人员对国家安全机关及其工作人员在刑事诉讼中超越职权、滥用职权和其他违法行为，都有权依法提出检举、控告。

第二章 管 辖

第十六条 国家安全机关依照法律规定，办理危害国家安全的刑事案件。

第十七条 刑事案件由犯罪地的国家安全机关管辖。如果由犯罪嫌疑人居住地的国家安全机关管辖更为适宜的，可以由犯罪嫌疑人居住地国家安全机关管辖。

法律、司法解释或者其他规范性文件对有关犯罪案件的管辖作出特别规定的，从其规定。

第十八条 犯罪地包括犯罪行为发生地和犯罪结果发生地。犯罪行为发生地，包括犯罪行为的实施地以及预备地、开始地、途经地、结束地等与犯罪行为有关的地点；犯罪行为有连续、持续或者继续状态的，犯罪行为连续、持续或者继续实施的地方都属于犯罪行为发生地。犯罪结果发生地，包括犯罪对象被侵害地、犯罪所得的实际取得地、藏匿地、转移地、使用地、销售地。

犯罪嫌疑人的户籍地为其居住地。经常居住地与户籍地不一致的，经常居住地为其居住地。经常居住地是指公民离开户籍所在地最后连续居住一年以上的地方，但住院就医的除外。单位登记的住所地为其居住地。主要营业地或者主要办事机构所在地与登记的住所地不一致的，主要营业地或者主要办事机构所在地为其居住地。

第十九条 针对或者主要利用计算机网络实施的危害中华人民共和国国家安全的犯罪，用于实施犯罪行为的网络服务使用的服务器所在地，网络服务提供者所在地，被侵害的网络信息系统及其管理者所在地，以及犯罪过程中犯罪嫌疑人、被害人使用的网络信息系统所在地，被害人被侵害时所在地和被害人财产遭受损失地国家安全机关可以管辖。

第二十条 在行驶中的交通工具上实施危害中华人民共和国国家安全的犯罪的，由交通工具最初停靠地国家安全机关管辖；必要时，交通工具始发地、途经地、目的地国家安全机关也可以管辖。

第二十一条 中国公民在中国驻外外交机构内实施危害中华人民共和国国家安全的犯罪的，由其派出单位所在地或者原户籍地的国家安全机关管辖。

中国公民在中华人民共和国领域外实施危害中华人民共和国国家安全的犯罪的，由其登陆地、入境地、离境前居住地或者现居住地的国家安全机关管辖；被害人是中国公民的，也可以由被害人离境前居住地或者现居住地的国家安全机关管辖。

第二十二条 在中华人民共和国领域外的中国航空器内实施危害中华人民共和国国家安全的犯罪的，由该航空器在中国最初降落地的国家安全机关管辖。

第二十三条 在中华人民共和国领域外的中国船舶内实施危害中华人民共和国国家安全的犯罪的，由该船舶最初停泊的中国口岸所在地或者被告人登陆地、入境地的国家安全机关管辖。

第二十四条 在国际列车上实施危害中华人民共和国国家安全的犯罪的，根据我国与相关国家签订的协定确定管辖；没有协定的，由该列车始发或者前方停靠的中国车站所在地的国家安全机关管辖。

第二十五条 多个国家安全机关都有管辖权的案件，由最初受理的国家安全机关管辖。必要时，可以由主要犯罪地的国家安全机关管辖。

第二十六条 对于管辖不明确或者管辖有争议的案件，可以由有关国家安全机关协商。协商不成的，由共同的上级国家安全机关指定管辖。

对于情况特殊的案件，可以由共同的上级国家安全机关指定管辖。

跨省、自治区、直辖市犯罪案件具有特殊情况，由异地国家安全机关立案侦查更有利于查清犯罪事实、保证案件公正处理的，可以由国家安全部商最高人民检察院和最高人民法院指定管辖。

第二十七条 上级国家安全机关指定管辖的，应当将指定管辖决定书分别送达被指定管辖的国家安全机关和其他有关的国家安全机关。

原受理案件的国家安全机关，在收到上级国家安全机关指定其他国家安全机关管辖的决定书后，不再行使管辖权。

对于指定管辖的案件，需要逮捕犯罪嫌疑人的，由被指定管辖的国家安全机关依法提请人民检察院审查批准；需要提起公诉的，由该国家安全机关按照有关规定移送人民检察院办理。

第二十八条 国家安全机关在侦查过程中，发现具有下列情形之一的，可以在其职责范围内并案侦查：

（一）一人犯数罪的；

（二）共同犯罪的；

（三）共同犯罪的犯罪嫌疑人还实施其他犯罪的；

（四）多个犯罪嫌疑人实施的犯罪存在关联，并案侦查有利于查明案件事实的。

第二十九条 犯罪嫌疑人的犯罪行为涉及其他机关管辖的，国家安全机关应当按照有关规定与其他机关协调案件管辖。主罪属于国家安全机关管辖的，由国家安全机关为主侦查；主罪属于其他机关管辖的，由其他机关为主办理，国家安全机关予以配合。

第三章 回 避

第三十条 国家安全机关负责人、侦查人员有下列情形之一的，应当自行提出回避申请，没有自行提出回避申请的，应当责令其回避，当事人及其法定代理人也有权要求他们回避：

（一）是本案的当事人或者是当事人的近亲属的；

（二）本人或者他的近亲属和本案有利害关系的；

（三）担任过本案的证人、鉴定人、辩护人、诉讼代理人的；

（四）与本案当事人有其他关系，可能影响公正处理案件的。

第三十一条 国家安全机关负责人、侦查人员不得有下列行为：

（一）违反规定会见本案当事人及其委托人；

（二）索取、接受本案当事人及其委托人的财物或者其他利益；

（三）接受本案当事人及其委托人的宴请，或者参加由其支付费用的活动；

（四）其他可能影响案件公正的不正当行为。

违反前款规定的，应当责令其回避并配合接受调查。当事人及其法定代理人有权要求其回避。

第三十二条 国家安全机关负责人、侦查人员自行提出回避申请的，应当提出书面申请，说明回避的理由。

当事人及其法定代理人要求国家安全机关负责人、侦查人员回避的，应当提出申请，并说明理由；口头提出回避申请的，国家安全机关应当记录在案。

第三十三条 侦查人员的回避，由国家安全机关负责人决定；国家安全机关负责人的回避，由同级人民检察院检察委员会决定。

第三十四条 当事人及其法定代理人对侦查人员提出回避申请的，国家安全机关应当在收到回避申请后五日以内作出决定并通知申请人。

当事人及其法定代理人对国家安全机关负责人提出回避申请的，国家安全机关应当及时将申请移送同级人民检察院。

第三十五条 当事人及其法定代理人对驳回申请回避的决定不服的，可以在收到驳回申请回避决定书后五日以内向作出决定的国家安全机关申请复议一次。

国家安全机关应当在收到复议申请后五日以内作出复议决定并书面通知申请人。

第三十六条 在作出回避决定前，申请或者被申请回避的国家安全机关负责人、侦查人员不得停止对案件的侦查。

作出回避决定后，申请或者被申请回避的国家安全机关负责人、侦查人员不得再参与本案的侦查工作。

第三十七条 被决定回避的国家安全机关负责人、侦查人员在回避决定作出以前所进行的诉讼活动是否有效，由作出决定的机关根据案件情况决定。

第三十八条 本章关于回避的规定适用于记录人、翻译人员和鉴定人。

前款人员需要回避的，由国家安全机关负责人决定。

第三十九条 辩护人、诉讼代理人可以依照本章的规定要求回避、申请复议。

第四章 律师参与刑事诉讼

第四十条 国家安全机关在第一次讯问犯罪嫌疑人或者对犯罪嫌疑人采取强制措施的时候，应当告知犯罪嫌疑人有权委托律师作为辩护人，并告知其如果因经济困难或者其他原因没有委托辩护律师的，本人及其近亲属可以向法律援助机构申请法律援助。告知的情形应当记录在案。

第四十一条 犯罪嫌疑人有权自行委托辩护律师。犯罪嫌疑人在押的，也可以由其监护人、近亲属代为委托辩护律师。

犯罪嫌疑人委托辩护律师的请求可以书面提出，也可以口头提出。口头提出的，国家安全机关应当制作笔录，由犯罪嫌疑人签名、捺指印。

第四十二条 对于同案的犯罪嫌疑人委托同一名辩护律师的，或者两名以上未同案处理但实施的犯罪存在关联的犯罪嫌疑人委托同一名辩护律师的，国家安全机关应当要求犯罪嫌疑人更换辩护律师。

第四十三条 在押的犯罪嫌疑人向看守所提出委托辩护律师要求的，看守所应当及时将其请求转达给办案部门，办案部门应当及时向犯罪嫌疑人委托的辩护律师或者律师事务所转达该项请求。

在押的犯罪嫌疑人仅提出委托辩护律师的要求，但提不出具体对象的，应当提供监护人或者近亲属的联系方式。办案部门应当及时通知犯罪嫌疑人的监护人、近亲属代为委托辩护律师，无法通知的，应当告知犯罪嫌疑人。犯罪嫌疑人无监护人或者近亲属的，办案部门应当及时通知当地律师协会或者司法行政机关为其推荐辩护律师。

第四十四条 国家安全机关收到在押的犯罪嫌疑人提出的法律援助申请后，应当在二十四小时以内将其申请转交所在地的法律援助机构，并在三日以内通知申请人的法定代理人、近亲属或者其委托的其他人员协助向法律援助机构提供相关材料。因申请人原因无法通知其法定代理人、近亲属或者其委托的其他人员的，应当在转交申请时一并告知法律援助机构。

犯罪嫌疑人拒绝法律援助机构指派的律师作为辩护人或者自行委托辩护人的，国家安全机关应当在三日以内通知法律援助机构。对于应当通知辩护的案件，犯罪嫌疑人、被告人拒绝法律援助机构指派的律师为其辩护的，国家安全机关应当查明原因。理由正当的，应当允许，但犯罪嫌疑人应当在五日以内另行委托辩护人；犯罪嫌疑人未另行委托辩护人的，国家安全机关应当在三日以内通知法律援助机构另行指派律师为其提供辩护。

第四十五条 符合下列情形之一，犯罪嫌疑人没有委托辩护人的，国家安全机关应当自发现该情形之日起三日以内制作法律援助通知书，通知法律援助机构为犯罪嫌疑人指派辩护律师：

（一）犯罪嫌疑人是未成年人；

（二）犯罪嫌疑人是视力、听力、言语残疾人；

（三）犯罪嫌疑人是不能完全辨认自己行为的成年人；

（四）犯罪嫌疑人可能被判处无期徒刑、死刑；

（五）法律法规规定的其他人员。

第四十六条 犯罪嫌疑人、被告人入所羁押时没有委托辩护人，法律援助机构也没有指派律师提供辩护的，看守所应当告知其有权约见值班律师，获得法律咨询、程序选择建议、申请变更强制措施、对案件处理提出意见等法律帮助，并为犯罪嫌疑人、被告人约见值班律师提供便利。

犯罪嫌疑人、被告人没有委托辩护人并且不符合法律援助机构指派律师为其提供辩护的条件，要求约见值班律师的，国家安全机关应当按照有关规定及时通知法律援助机构安排。

值班律师应约会见在押的危害国家安全犯罪、恐怖活动犯罪案件犯罪嫌疑人的，应当经国家安全机关许可。

第四十七条 辩护律师接受犯罪嫌疑人委托或者法律援助机构的指派后，应当及时告知国家安全机关并出示律师执业证书、律师事务所证明和委托书或者法律援助公函。

第四十八条 在押的犯罪嫌疑人提出解除委托关系的，办案部门应当要求其出具或签署书面文件，并在三日以内转交受委托的律师或者律师事务所。辩护律师要求会见在押的犯罪嫌疑人，当面向其确认解除委托关系的，经办案部门许可，看守所应当安排会见；但犯罪嫌疑人书面拒绝会见的，看守所应当将有关书面材料转交辩护律师，不予安排会见。

在押的犯罪嫌疑人的监护人、近亲属解除代为委托辩护律师关系的，经犯罪嫌疑人同意，并经办案部门许可，看守所应当允许新代为委托的辩护律师会见，由犯罪嫌疑人确认新的委托关系。

第四十九条 国家安全机关应当保障辩护律师在侦查阶段依法从事下列执业活动：

（一）向国家安全机关了解犯罪嫌疑人涉嫌的罪名和案件有关情况，提出意见；

（二）与犯罪嫌疑人会见和通信，向犯罪嫌疑人了解案件有关情况；

（三）为犯罪嫌疑人提供法律帮助、代理申诉、控告；

（四）为犯罪嫌疑人申请变更强制措施。

第五十条 辩护律师向国家安全机关了解犯罪嫌疑人涉嫌的罪名以及当时已查明的该罪的主要事实，犯罪嫌疑人被采取、变更、解除强制措施的情况，国家安全机关延长侦查羁押期限等情况的，国家安全机关应当依法及时告知。

国家安全机关作出移送审查起诉决定的，应当依法及时告知辩护律师。

第五十一条 对于危害国家安全犯罪、恐怖活动犯罪案件，在侦查期间辩护律师会见在押或者被监视居住的犯罪嫌疑人，应当经国家安全机关许可。办案部门在将犯罪嫌疑人送看守所羁押或者交付执行监视居住时，应当通知看守所或者监视居住执行机关凭国家安全机关的许可决定安排律师会见事项。

第五十二条 辩护律师在侦查期间要求会见危害国家安全犯罪、恐怖活动犯罪在押或者被监视居住的犯罪嫌疑人时，应当向国家安全机关提出申请，填写会见犯罪嫌疑人申请表，国家安全机关应当依法及时审查辩护律师提出的会见申请，在三日以内将是否许可的决定书面答复辩护律师，并告知联系人员及方式。

第五十三条 国家安全机关许可会见的，应当向辩护律师出具许可会见犯罪嫌疑人决定书；看守所或者监视居住执行机关在查验律师执业证书、律师事务所证明和委托书或者法律援助公函，以及许可会见犯罪嫌疑人决定书后，应当及时安排会见，能当时安排的，应当当时安排；不能当时安排的，看守所或者监视居住执行机关应当向辩护律师说明情况，并保证辩护律师在四十八小时以内会见到在押或者被监视居住的犯罪嫌疑人，同时通知办案部门。

第五十四条 国家安全机关因有碍侦查而不许可会见的，应当书面通知辩护律师，并说明理由。有碍侦查的情形消失后，应当许可会见，并及时通知看守所或者监视居住执行机关和辩护律师。

有下列情形之一的，属于本条规定的“有碍侦查”：

（一）可能毁灭、伪造证据，干扰证人作证或者串供的；

（二）可能引起犯罪嫌疑人自残、自杀或者逃跑的；

（三）可能引起同案犯逃避、妨碍侦查的；

（四）犯罪嫌疑人的家属与犯罪有牵连的。

第五十五条 看守所或者监视居住执行机关安排辩护律师会见，不得附加其他条件或者变相要求辩护律师提交法律规定以外的其他文件、材料，不得以未收到办案部门通知为由拒绝安排辩护律师会见。

预约会见，应当由辩护律师本人进行。

第五十六条 犯罪嫌疑人委托两名律师担任辩护人的，两名辩护律师可以共同会见，也可以单独会见。辩护律师可以带一名律师助理协助会见。助理人员随同辩护律师参加会见的，应当在提出会见申请时一并提出，并在参加会见时出示律师事务所证明和律师执业证书或申请律师执业人员实习证。国家安全机关应当核实律师助理的身份。

第五十七条 辩护律师会见在押或者被监视居住的犯罪嫌疑人需要翻译人员随同参加的，应当提前向国家安全机关提出申请，并提交翻译人员身份证明及其所在单位出具的证明。国家安全机关应当及时审查并在三日以内作出是否许可的决定。许可翻译人员参加会见的，应当向辩护律师出具许可翻译人员参与会见决定书，并通知看守所或者监视居住执行机关。不许可的，应当向辩护律师书面说明理由，并通知其更换。

依法应当予以回避、正在被执行刑罚或者依法被剥夺、限制人身自由的人员，不得担任翻译人员。

翻译人员应当持国家安全机关许可决定书和本人身份证明，随同辩护律师参加会见。

第五十八条 辩护律师会见在押或者被监视居住的犯罪嫌疑人时，看守所或者监视居住执行机关应当采取必要的管理措施，保障会见安全顺利进行。

辩护律师会见犯罪嫌疑人时，国家安全机关不得监听，不得派员在场。

第五十九条 辩护律师会见在押或者被监视居住的犯罪嫌疑人，不得违反规定为犯罪嫌疑人传递违禁品、药品、纸条等物品，不得将通讯工具交给犯罪嫌疑人使用。

辩护律师会见在押或者被监视居住的犯罪嫌疑人时，应当遵守法律和会见场所的有关规定。违反法律或者会见场所的有关规定及前款要求的，看守所或者监视居住执行机关应当制止。对于严重违反规定或者不听劝阻的，可以终止本次会见，暂扣传递物品、通讯工具，及时通报该辩护律师所在的律师事务所、所属的律师协会以及司法行政机关。

第六十条 辩护律师可以同在押或者被监视居住的犯罪嫌疑人通信。

第六十一条 辩护律师提交与案件有关材料的，国家安全机关应当当面了解辩护律师提交材料的目的、材料的来源和主要内容等有关情况并出具回执。辩护律师应当提交材料原件，提交材料原件确有困难的，经国家安全机关准许，也可以提交复印件，经与原件核对无误后由辩护律师签名确认。

第六十二条 对于辩护律师提供的犯罪嫌疑人不在犯罪现场、未达到刑事责任年龄、属于依法不负刑事责任的精神病人的证据，国家安全机关应当进行核实，有关证据应当附卷。

第六十三条 案件侦查终结前，辩护律师提出要求的，国家安全机关应当听取辩护律师的意见，并记录在案。听取辩护律师意见的笔录、辩护律师提出犯罪嫌疑人无罪或者依法不应追究刑事责任的意见，或者提出证据材料的，国家安全机关应当依法予以核实。辩护律师提出书面意见的，应当附卷。

第六十四条 辩护律师对在执业活动中知悉的委托人的有关情况和信息，有权予以保密。但是，辩护律师在执业活动中知悉委托人或者其他人，准备或者正在实施危害国家安全、公共安全以及严重危害他人人身安全的犯罪的，应当及时告知有关司法机关；辩护律师告知国家安全机关的，国家安全机关应当接受。对于不属于自己管辖的，应当及时移送有管辖权的机关处理。

国家安全机关应当为反映情况的辩护律师保密。

第六十五条 辩护律师在侦查期间发现案件有关证据存在刑事诉讼法第五十六条规定的情形，向国家安全机关申请排除非法证据的，国家安全机关应当听取辩护律师的意见，按照法定程序审查核实相关证据，并依法决定是否予以排除。

第六十六条 辩护律师认为国家安全机关及其工作人员明显违反法律规定、阻碍律师依法履行辩护职责、侵犯律师执业权利，向该国家安全机关或者其上一级国家安全机关投诉的，受理投诉的国家安全机关应当及时调查。辩护律师要求当面反映情况的，国家安全机关应当及时安排、当面听取辩护律师的意见。经调查情况属实的，应当依法立即纠正，及时答复辩护律师，做好说明解释工作，并将处理情况通报其所在地司法行政机关或者所属的律师协会。

第六十七条 国家安全机关对辩护律师提出的投诉、申诉、控告，经调查核实后要求有关办案部门予以纠正，办案部门拒不纠正或者累纠累犯的，应当依照有关规定调查处理，相关责任人构成违纪的，给予纪律处分。

第六十八条 辩护律师或者其他任何人帮助犯罪嫌疑人隐匿、毁灭、伪造证据或者串供，或者威胁、引诱证人作伪证以及进行其他干扰国家安全机关侦查活动的行为，涉嫌犯罪的，应当由办理辩护律师所承办案件的国家安全机关报请上一级国家安全机关指定其他国家安全机关立案侦查，或者由上一级国家安全机关立案侦查。不得指定办理辩护律师所承办案件的国家安全机关的下级国家安全机关立案侦查。国家安全机关依法对涉嫌犯罪的辩护律师采取强制措施后，应当在四十八小时以内通知其所在的律师事务所或者所属的律师协会。

国家安全机关发现辩护律师在刑事诉讼中违反法律、法规或者执业纪律的，应当及时向其所在的律师事务所、所属的律师协会以及司法行政机关通报。

第五章 证 据

第六十九条 可以用于证明案件事实的材料，都是证据。

证据包括：

（一）物证；

（二）书证；

（三）证人证言；

（四）被害人陈述；

（五）犯罪嫌疑人供述和辩解；

（六）鉴定意见；

（七）勘验、检查、辨认、搜查、查封、扣押、提取、侦查实验等笔录；

（八）视听资料、电子数据。

证据必须经过查证属实，才能作为定案的根据。

第七十条 国家安全机关必须依照法定程序，全面、客观、及时收集能够证实犯罪嫌疑人有罪或者无罪、犯罪情节轻重的各种与案件有关的证据。必须保证一切与案件有关或者了解案情的公民，有客观地充分地提供证据的条件，除特殊情况外，可以吸收他们协助调查。

第七十一条 国家安全机关提请批准逮捕书、起诉意见书必须忠实于事实真相。故意隐瞒事实真相的，应当依法追究责任。

第七十二条 国家安全机关有权向有关单位和个人收集、调取证据，并告知其应当如实提供证据。

对于伪造、隐匿或者毁灭证据的，应当追究其法律责任。

第七十三条 对涉及国家秘密、商业秘密、个人隐私的证据，应当保密。记录、存储、传递、查阅、摘抄、复制相关证据时，应当采取必要的保密措施，保护证据的具体内容和来源。

第七十四条 国家安全机关在行政执法和查办案件过程中收集的物证、书证、视听资料、电子数据等证据材料，在刑事诉讼中可以作为证据使用。

国家安全机关接受或者依法调取的其他行政机关在行政执法和查办案件过程中收集的物证、书证、视听资料、电子数据等证据材料，经国家安全机关审查符合法定要求的，在刑事诉讼中可以作为证据使用。根据法律、行政法规规定行使国家行政管理职权的组织，在行政执法和查办案件过程中收集的证据材料，视为行政机关收集的证据材料。

第七十五条 国家安全机关向有关单位和个人调取证据时，应当经国家安全机关负责人批准，开具调取证据通知书，明确调取的证据和提供时限。被调取单位及其经办人、持有证据的个人应当在通知书回执上盖章或者签名。必要时，应当采用录音录像方式固定证据内容及取证过程。

第七十六条 国家安全机关调取证据时，应当会同证据的持有人或者保管人查点清楚，当场制作调取证据清单一式三份，由侦查人员、证据持有人或者保管人签名，一份交证据持有人或者保管人，一份附卷备查，一份交物证保管人。

调取证据的侦查人员不得少于二人。

第七十七条 收集、调取的物证应当是原物。原物不便搬运、不易保存或者依法应当由有关部门保管、处理或者依法应当返还时，可以拍摄或者制作足以反映原物外形、特征或者内容的照片、录像或者复制品。

物证的照片、录像或者复制品，经与原物核实无误，或者经鉴定证明为真实的，或者以其他方式确能证明其真实的，可以作为证据使用。原物的照片、录像或者复制品，不能反映原物的外形、特征或者内容的，不能作为证据使用。

第七十八条 收集、调取的书证、视听资料应当是原件。取得原件确有困难时，可以使用副本或者复制件。

书证、视听资料的副本、复制件，经与原件核实无误或者经鉴定证明为真实的，或者以其他方式确能证明其真实的，可以作为证据使用。书证、视听资料有更改或者更改迹象，不能作出合理解释的，或者书证、视听资料的副本、复制件不能反映原件及其内容的，不能作为证据使用。

根据本规定开展调查核实过程中收集、提取的电子数据，以及通过网络在线提取的电子数据，可以作为证据使用。

对作为证据使用的电子数据，应当采取扣押、封存电子数据原始存储介质，计算电子数据完整性校验值，制作、封存电子数据备份，对收集、提取电子数据的相关活动进行录像等方法保护电子数据的完整性。

第七十九条 收集、调取的物证、书证等实物证据需要鉴定的，应当及时送检。

第八十条 电子数据是案件发生过程中形成的，以数字化形式存储、处理、传输的，能够证明案件事实的数据。电子数据包括但不限于下列信息、电子文件：

（一）网页、博客、微博客、朋友圈、贴吧、网盘等网络平台发布的信息；

（二）手机短信、电子邮件、即时通信、通讯群组等网络应用服务的通信信息；

（三）用户注册信息、身份认证信息、电子交易记录、通信记录、登录日志等信息；

（四）文档、图片、音视频、数字证书、程序、计算机网络设备运行日志记录等电子文件。

第八十一条 收集、提取电子数据，应当由二名以上侦查人员进行。取证设备和方法、过程应当符合相关技术标准和工作规范，并保证所收集、调取的电子数据的完整性、客观性。

收集、提取电子数据，应当由符合条件的人员担任见证人。针对同一现场多个计算机信息系统收集、提取电子数据的，可以由一名见证人见证。由于客观原因无法由符合条件的人员担任见证人的，应当在笔录中注明情况，并对相关活动进行录像。

第八十二条 收集、调取电子数据，能够扣押电子数据原始存储介质的，应当对原始存储介质予以封存，不得对电子数据的内容进行剪裁、拼凑、篡改、添加。扣押、封存原始存储介质，并制作笔录，记录原始储存介质的封存状态，由侦查人员、原始存储介质持有人签名或者盖章；持有人无法签名、盖章或者拒绝签名、盖章的，应当在笔录中注明，由见证人签名或者盖章。侦查人员可以采取打印、拍照或者录音录像等方式固定相关证据。

扣押原始存储介质时，应当收集证人证言以及犯罪嫌疑人供述和辩解等与原始存储介质相关联的证据材料，并在笔录中记录。

封存前后应当拍摄被封存原始存储介质的照片，清晰反映封口或者张贴封条处的状况。封存后，应当保证在不解除封存状态的情况下，无法使用或者启动被封存的原始存储介质。必要时，具备数据信息存储功能的电子设备和硬盘、存储卡等内部存储介质，可以分别封存。封存手机等具有无线通信功能的存储介质，应当采取信号屏蔽、信号阻断或者切断电源等措施。

第八十三条 具有下列情形之一，无法扣押原始存储介质的，可以现场提取电子数据：

（一）原始存储介质不便封存的；

（二）提取计算机内存存储的数据、网络传输的数据等不是存储在存储介质上的电子数据的；

（三）案件情况紧急，不立即提取电子数据可能会造成电子数据灭失或者其他严重后果的；

（四）关闭电子设备会导致重要信息系统停止服务的；

（五）需通过现场提取电子数据排查可疑存储介质的；

（六）正在运行的计算机信息系统功能或者应用程序关闭后，没有密码无法提取的；

（七）原始存储介质位于境外的；

（八）其他无法扣押原始存储介质的情形。

无法扣押原始存储介质的情形消失后，应当及时扣押、封存原始存储介质。

第八十四条 现场提取电子数据，应当在笔录中注明不能扣押原始存储介质的原因、原始存储介质的存放地点或者电子数据来源等情况，并计算电子数据的完整性校验值，由侦查人员、电子数据持有人、提供人签名或者盖章；持有人、提供人无法签名或者拒绝签名的，应当在笔录中注明，由见证人签名或者盖章。侦查人员可以采取打印、拍照或者录音录像等方式固定相关证据。

第八十五条 现场提取电子数据，可以采取以下措施保护相关电子设备：

（一）及时将犯罪嫌疑人或者其他相关人员与电子设备分离；

（二）在未确定是否易丢失数据的情况下，不能关闭正在运行状态的电子设备；

（三）对现场计算机信息系统可能被远程控制的，应当及时采取信号屏蔽、信号阻断、断开网络连接等措施；

（四）保护电源稳定运行；

（五）有必要采取的其他保护措施。

现场提取电子数据，应当在有关笔录中详细、准确记录相关操作，不得将提取的数据存储在原始存储介质中，不得在目标系统中安装新的应用程序。确因情况特殊，需在目标系统中安装新的应用程序的，应当在笔录中记录所安装的程序及安装原因。对提取的电子数据进行数据压缩的，应当在笔录中注明数据压缩的方法和压缩后文件的完整性校验值。

第八十六条 对无法扣押的原始存储介质，无法一次性完成电子数据提取的，经登记、拍照或者录像后，可以封存并交其持有人、提供人保管。

电子数据持有人、提供人应当妥善保管原始存储介质，不得转移、变卖、毁损，不得解除封存状态，不得未经国家安全机关批准接入网络，不得对其中可能用作证据的电子数据增加、删除、修改。必要时，应当按照国家安全机关的要求，保持网络信息系统处于开机状态。

对由电子数据持有人、提供人保管的原始存储介质，应当在七日以内作出处理决定，逾期不作出处理决定的，视为自动解除。经查明确实与案件无关的，应当在三日内解除。

第八十七条 网络在线提取时需要进一步查明有关情形的，可以进行网络远程勘验。网络远程勘验应当由符合条件的人员作为见证人，并按规定进行全程同步录音录像。由于客观原因无法由符合条件的人员担任见证人的，应当在远程勘验笔录中注明情况。

全程同步录音录像可以采用屏幕录音录像或者录像机录音录像等方式，录音录像文件应当计算完整性校验值并记入笔录。

网络远程勘验结束后，应当制作远程勘验笔录，详细记录远程勘验有关情况以及勘验照片、截获的屏幕截图等内容，由侦查人员和见证人签名或盖章。对计算机信息系统进行多次远程勘验的，在制作首次远程勘验笔录后，应当逐次制作补充的远程勘验笔录。

第八十八条 国家安全机关向有关单位和个人调取电子数据，应当经国家安全机关负责人批准，开具调取证据通知书，注明需要调取电子数据的相关信息，通知电子数据持有人、网络服务提供者或者有关部门执行。被调取单位、个人应当在通知书回执上签名或者盖章，并附完整性校验值等保护电子数据完整性方法的说明。必要时，国家安全机关应当对采用录音或者录像等方式固定证据内容及取证过程提出要求，电子数据持有人、网络服务提供者或者有关部门应当予以配合。

第八十九条 对扣押的原始存储介质或者提取的电子数据，可以通过搜索、恢复、破解、统计、关联、比对等方式进行电子数据检查。

电子数据检查，应当对电子数据存储介质拆封过程进行全程录像，并将电子数据存储介质通过写保护设备接入到检查设备进行检查，或者制作电子数据备份，对备份进行检查。无法使用写保护设备且无法制作备份的，应当注明原因，并对相关活动进行全程录像。

检查具有无线通信功能的原始存储介质，应当采取信号屏蔽、信号阻断或者切断电源等措施保护电子数据的完整性。

电子数据检查应当制作笔录，由有关人员签名或者盖章。

第九十条 进行电子数据侦查实验，应当采取技术措施保护原始存储介质数据的完整性。有条件的，电子数据侦查实验应当进行二次以上。侦查实验使用的电子设备、网络环境等应当与实施犯罪行为的现场情况一致或者基本一致。电子数据侦查实验不得泄露国家秘密、工作秘密、商业秘密和公民个人信息。

进行电子数据侦查实验，应当使用拍照、录像、录音、通信数据采集等一种或者多种方式客观记录实验过程，并制作笔录，由参加侦查实验的人员签名或者盖章。

第九十一条 收集电子数据应当制作笔录，记录案由、对象、内容，收集、提取电子数据的时间、地点、方法、过程，并由收集、提取电子数据的侦查人员签名或者盖章。

制作电子数据的清单应包括规格、类别、文件格式、完整性校验值等。

远程提取电子数据的，应当说明原因，制作远程勘验笔录并注明相关情况，可以对相关活动进行录像。

第九十二条 具有下列情形之一的，可以采取打印、拍照或者录像等方式固定相关证据，并在笔录中说明原因：

（一）无法扣押原始存储介质且无法提取电子数据的；

（二）存在电子数据自毁功能或装置，需要及时固定相关证据的；

（三）需现场展示、查看相关电子数据的；

（四）由于其他客观原因无法或者不宜收集、提取电子数据的。

第九十三条 收集、提取的原始存储介质或者电子数据，应当以封存状态随案移送，并制作电子数据的备份一并移送。对网页、文档、图片等可以直接展示的电子数据，可以不随案移送电子数据打印件；人民法院、人民检察院因设备等条件限制无法直接展示电子数据的，国家安全机关应当随案移送打印件，或者附展示工具和展示方法说明。

对侵入、非法控制计算机信息系统的程序、工具以及计算机病毒等无法直接展示的电子数据，应当附有电子数据属性、功能等情况的说明。

对数据统计量、数据同一性等问题，应当出具说明。

第九十四条 国家安全机关采取技术侦查措施收集的物证、书证及其他证据材料，侦查人员应当制作相应的说明材料，写明获取证据的时间、地点、数量、特征以及采取技术侦查措施的批准机关、种类等，并签名和盖章。

对于使用技术侦查措施获取的证据材料，如果可能危及特定人员的人身安全或者可能产生其他严重后果的，应当采取不暴露有关人员身份和使用的技术设备、技术方法等保护措施。必要时，可以由审判人员在庭外对证据进行核实。

第九十五条 物证的照片、录像或者复制品，书证的副本、复制件，视听资料、电子数据的复制件，应当由二名以上侦查人员制作，并附文字说明，载明复制份数，无法调取原件、原物的原因，制作过程及原件、原物存放处等内容，由制作人和持有人或者保管人、见证人签名。

第九十六条 国家安全机关办理刑事案件需要查明的案件事实

包括：

（一）犯罪行为是否存在；

（二）实施犯罪行为的时间、地点、手段、后果以及其他情节；

（三）犯罪行为是否为犯罪嫌疑人所实施；

（四）犯罪嫌疑人的身份、年龄；

（五）犯罪嫌疑人实施犯罪行为的动机、目的；

（六）犯罪嫌疑人的责任以及与其他同案人的关系；

（七）犯罪嫌疑人有无法定或者酌定从重、从轻、减轻、免除处罚的情节；

（八）其他与案件有关的事实。

第九十七条 国家安全机关移送审查起诉的案件，应当做到犯罪事实清楚，证据确实、充分。

证据确实、充分，应当符合以下条件：

（一）认定的案件事实都有证据证明；

（二）认定案件事实的证据均经法定程序查证属实；

（三）综合全案证据，对所认定事实已排除合理怀疑。

对证据的审查，应当结合案件的具体情况，从各证据与待证事实的关联程度、各证据之间的联系等方面进行审查判断。

只有犯罪嫌疑人供述，没有其他证据的，不能认定案件事实；没有犯罪嫌疑人供述，证据确实、充分的，可以认定案件事实。

第九十八条 采取刑讯逼供等非法方法收集的犯罪嫌疑人供述和采用暴力、威胁等非法方法收集的证人证言、被害人陈述，应当依法予以排除。

收集物证、书证、视听资料、电子数据不符合法定程序，可能严重影响司法公正的，应当予以补正或者作出合理解释；不能补正或者作出合理解释的，对该证据应当依法予以排除。

在侦查阶段发现有应当排除的证据的，经国家安全机关负责人批准，应当依法予以排除，不得作为提请批准逮捕、移送审查起诉的依据。对排除情况应当记录在案，并说明理由。

人民检察院要求国家安全机关对物证、书证进行补正或者作出合理解释的，或者要求对证据收集的合法性进行说明的，国家安全机关应当予以补正或者作出书面说明。

第九十九条 人民法院认为现有证据材料不能说明证据收集的合法性，通知有关侦查人员或者其他人员出庭说明情况的，有关侦查人员或者其他人员应当出庭。必要时，有关侦查人员或者其他人员也可以要求出庭说明情况。侦查人员或者其他人员出庭，应当向法庭说明证据收集过程，并就相关情况接受发问。

经人民法院通知，人民警察应当就其执行职务时目击的犯罪情况出庭作证。

本条第一款、第二款规定的出庭作证的人员，适用证人保护的有关措施。

第一百条 凡是知道案件情况的人，都有作证的义务。

生理上、精神上有缺陷或者年幼，不能辨别是非、不能正确表达的人，不能作为证人。

对于证人能否辨别是非，能否正确表达，必要时可以进行审查或者鉴别。

第一百零一条 国家安全机关应当保障证人、鉴定人及其近亲属的安全。

对证人、鉴定人及其近亲属进行威胁、侮辱、殴打或者打击报复，构成犯罪的，依法追究刑事责任；尚不构成犯罪的，依照有关法律法规追究责任。

第一百零二条 对于危害国家安全犯罪、恐怖活动犯罪等案件，证人、鉴定人、被害人及其近亲属的人身安全面临危险的，国家安全机关应当采取以下一项或者多项保护措施：

（一）不公开真实姓名、住址、通讯方式和工作单位等个人信息；

（二）禁止特定的人员接触证人、鉴定人、被害人及其近亲属；

（三）对人身和住宅采取专门性保护措施；

（四）将被保护人带到安全场所保护；

（五）变更被保护人的住所和姓名；

（六）其他必要的保护措施。

证人、鉴定人、被害人认为因在诉讼中作证，本人或者近亲属的人身安全面临危险，向国家安全机关请求予以保护，国家安全机关经审查认为确有必要采取保护措施的，应当采取上述一项或者多项保护措施。

国家安全机关依法采取保护措施，可以要求有关单位和个人配合。

案件移送审查起诉时，国家安全机关应当将采取保护措施的相关情况一并移交人民检察院。

第一百零三条 国家安全机关依法决定不公开证人、鉴定人、被害人的真实姓名、住址、通讯方式和工作单位等个人信息的，可以在起诉意见书、询问笔录等法律文书、证据材料中使用化名等代替证人、鉴定人、被害人的个人信息。但是，应当另行书面说明使用化名的情况并标明密级，单独成卷。

第一百零四条 证人、鉴定人、被害人及其近亲属保护工作所必需的人员、经费、装备等，应当予以保障。

证人因履行作证义务而支出的交通、住宿、就餐等费用，应当给予补助。

第六章 强制措施

第一节 拘 传

第一百零五条 国家安全机关根据案件情况对需要拘传的犯罪嫌疑

人，或者经过传唤没有正当理由不到案的犯罪嫌疑人，可以拘传到其所在市、县内的指定地点进行讯问。

第一百零六条 拘传犯罪嫌疑人，应当经国家安全机关负责人批准，制作拘传证。

执行拘传时，应当向被拘传的犯罪嫌疑人出示拘传证，并责令其签名、捺指印。

被拘传人到案后，应当责令其在拘传证上填写到案时间。拘传结束后，应当责令其在拘传证上填写拘传结束时间。

执行拘传的侦查人员不得少于二人。

第一百零七条 拘传持续的时间不得超过十二小时；案情特别重大、复杂，需要采取拘留、逮捕措施的，经国家安全机关负责人批准，拘传持续的时间不得超过二十四小时。不得以连续拘传的形式变相拘禁犯罪嫌疑人。

第一百零八条 需要对被拘传人变更为其他强制措施的，国家安全机关应当在拘传期限届满前，作出批准或者不批准的决定；未作出变更强制措施决定的，应当立即结束拘传。

第二节 取保候审

第一百零九条 国家安全机关对于有下列情形之一的犯罪嫌疑人，可以取保候审：

（一）可能判处管制、拘役或者独立适用附加刑的；

（二）可能判处有期徒刑以上刑罚，采取取保候审不致发生社会危险性的；

（三）患有严重疾病、生活不能自理，怀孕或者正在哺乳自己婴儿的妇女，采取取保候审不致发生社会危险性的；

（四）羁押期限届满，案件尚未办结，需要采取取保候审的。

对于拘留的犯罪嫌疑人，证据不符合逮捕条件，以及提请逮捕后，人民检察院不批准逮捕，需要继续侦查，并且符合取保候审条件的，可以依法取保候审。

第一百一十条 需要对犯罪嫌疑人取保候审的，经国家安全机关负责人批准，制作取保候审决定书。取保候审决定书应当向犯罪嫌疑人宣读，由犯罪嫌疑人签名、捺指印。

第一百一十一条 国家安全机关决定对犯罪嫌疑人取保候审的，应当根据案件情况，责令其提出保证人或者交纳保证金。

对同一犯罪嫌疑人，不得同时责令其提出保证人和交纳保证金。对未成年人取保候审的，应当优先适用保证人保证。

第一百一十二条 国家安全机关在宣布取保候审决定时，应当告知被取保候审人遵守以下规定：

（一）未经执行机关批准不得离开所居住的市、县；

（二）住址、工作单位和联系方式发生变动的，在二十四小时以内向国家安全机关报告；

（三）在传讯的时候及时到案；

（四）不得以任何形式干扰证人作证；

（五）不得毁灭、伪造证据或者串供。

第一百一十三条 国家安全机关在决定取保候审时，还可以根据案件情况，责令被取保候审人遵守以下一项或者多项规定：

（一）不得进入特定的场所；

（二）不得与特定的人员会见或者通信；

（三）不得从事特定的活动；

（四）将护照等出入境证件、驾驶证件交国家安全机关保存。

被取保候审人不得向任何人员泄露所知悉的国家秘密。

国家安全机关应当综合考虑案件的性质、情节、危害后果、社会影响、犯罪嫌疑人的具体情况等因素，有针对性地确定特定场所、特定人员和特定活动的范围。

第一百一十四条 人民法院、人民检察院决定取保候审的，负责执行的国家安全机关应当在收到法律文书和有关材料后二十四小时以内，核实有关情况后执行。

第一百一十五条 被取保候审人无正当理由不得离开所居住的市、县。有正当理由需要离开所居住的市、县的，应当经执行机关批准。

人民法院、人民检察院决定取保候审的，负责执行的国家安全机关在批准被取保候审人离开所居住的市、县前，应当征得决定机关同意。

第一百一十六条 执行取保候审的国家安全机关应当履行下列职责：

（一）告知被取保候审人必须遵守的规定，及其违反规定或者在取保候审期间重新犯罪应当承担的法律后果；

（二）定期了解被取保候审人遵守取保候审规定的有关情况，并制作笔录；

（三）监督、考察被取保候审人遵守有关规定，及时掌握其活动、住址、工作单位、联系方式及变动情况；

（四）监督保证人履行保证义务；

（五）被取保候审人违反应当遵守的规定以及保证人未履行保证义务的，应当及时制止、采取紧急措施，同时告知取保候审的决定机关。

第一百一十七条 采取保证金保证的，国家安全机关应当综合考虑保证诉讼活动正常进行的需要，被取保候审人的社会危险性，案件的性质、情节，可能判处刑罚的轻重，被取保候审人的经济状况等情况，确定保证金的数额，并制作收取保证金通知书。

保证金起点数额为人民币一千元；被取保候审人为未成年人的，保证金的起点数额为人民币五百元。

第一百一十八条 国家安全机关应当在其指定的银行设立专门账户，委托银行代为收取和保管保证金。

提供保证金的人应当将保证金一次性存入专门账户。保证金应当以人民币交纳。

保证金应当按照有关规定严格管理。

第一百一十九条 采取保证人保证的，保证人必须符合下列条件，并经国家安全机关审查同意：

（一）与本案无牵连；

（二）有能力履行保证义务；

（三）享有政治权利，人身自由未受到限制；

（四）有固定的住处和收入。

第一百二十条 保证人应当履行以下义务：

（一）监督被保证人遵守本规定第一百一十二条、第一百一十三条的规定；

（二）发现被保证人可能发生或者已经发生违反本规定第一百一十二条、第一百一十三条规定行为的，应当及时向国家安全机关报告。

保证人应当填写取保候审保证书，并在保证书上签名、捺指印。

第一百二十一条 保证人不愿意继续保证或者丧失保证条件的，保证人或者被取保候审人应当及时报告国家安全机关。国家安全机关应当责令被取保候审人重新提出保证人或者交纳保证金，或者作出变更强制措施的决定。

人民法院、人民检察院决定取保候审的，负责执行的国家安全机关应当自发现或者被告知保证人不愿继续保证或者丧失保证条件之日起三日以内通知决定机关。

第一百二十二条 保证人未履行监督义务，或者被取保候审人违反应当遵守的规定，保证人未及时报告或者隐瞒不报告的，查证属实后，经国家安全机关负责人批准，可以对保证人处一千元以上二万元以下罚款；构成犯罪的，依法追究刑事责任。

人民法院、人民检察院决定取保候审的，国家安全机关应当将有关情况及时通知决定机关。

第一百二十三条 决定对保证人罚款的，应当经国家安全机关负责人批准，制作对保证人罚款决定书，在三日以内向保证人宣布，告知其如果对罚款决定不服，可以在五日以内向作出罚款决定的国家安全机关申请复议。国家安全机关收到复议申请后，应当在七日以内作出复议决定。

保证人对复议决定不服的，可以在收到复议决定书后五日以内向上一级国家安全机关申请复核一次。上一级国家安全机关应当在收到复核申请后七日以内作出复核决定。对上级国家安全机关撤销或者变更罚款决定的，下级国家安全机关应当执行。

第一百二十四条 被取保候审人在取保候审期间违反本规定第一百一十二条、第一百一十三条规定，已交纳保证金的，经国家安全机关负责人批准，可以根据被取保候审人违反规定的情节，决定没收部分或者全部保证金，并且区别情形，责令其具结悔过，重新交纳保证金、提出保证人，或者变更强制措施。

对于违反取保候审规定，需要予以逮捕的，可以对犯罪嫌疑人先行拘留。

人民法院、人民检察院决定取保候审的，被取保候审人违反应当遵守的规定，负责执行的国家安全机关应当及时通知决定机关。

第一百二十五条 国家安全机关决定没收保证金的，应当制作没收保证金决定书，在三日以内向被取保候审人宣读，并责令其在没收保证金决定书上签名、捺指印。被取保候审人在逃或者具有其他情形不能到场的，应当向其成年家属、法定代理人、辩护人或者单位、居住地的居民委员会、村民委员会宣布，由其成年家属、法定代理人、辩护人或者单位、居住地的居民委员会、村民委员会的负责人在没收保证金决定书上签名。

第一百二十六条 国家安全机关在宣读没收保证金决定书时，应当告知如果对没收保证金的决定不服，被取保候审人或者其法定代理人可以在五日以内向作出决定的国家安全机关申请复议。国家安全机关应当在收到复议申请后七日以内作出复议决定。

被取保候审人或者其法定代理人对复议决定不服的，可以在收到复议决定书后五日以内向上一级国家安全机关申请复核一次。上一级国家安全机关应当在收到复核申请后七日以内作出复核决定。上级国家安全机关撤销或者变更没收保证金决定的，下级国家安全机关应当执行。

第一百二十七条 没收保证金的决定、对保证人罚款的决定已过复议期限，或者复议、复核后维持原决定或者变更没收保证金、罚款数额的，国家安全机关应当及时通知指定的银行将没收的保证金、保证人罚款按照国家有关规定上缴国库。人民法院、人民检察院决定取保候审的，国家安全机关应当在三日以内通知决定机关。

没收部分保证金的，国家安全机关应当制作退还保证金决定书，被取保候审人或者其法定代理人可以凭此决定书到银行领取剩余的保证金。

第一百二十八条 取保候审最长不得超过十二个月。

在取保候审期间，国家安全机关不得中断对案件的侦查。对被取保候审的犯罪嫌疑人，根据案件情况或者取保候审期满，应当及时变更强制措施或者解除取保候审。

第一百二十九条 被取保候审人在取保候审期间未违反本规定第一百一十二条、第一百一十三条规定，也没有故意实施新的犯罪，取保候审期限届满的，或者具有本规定第二百零六条规定的情形之一的，应当及时解除取保候审，并通知被取保候审人、保证人和有关单位。

人民法院、人民检察院作出解除取保候审决定的，国家安全机关应当及时解除，并通知被取保候审人、保证人和有关单位。

第一百三十条 被取保候审人或者其法定代理人可以凭解除取保候审决定书或者有关法律文书，到银行领取退还的保证金。

被取保候审人不能自己领取退还的保证金的，经本人出具书面申请并经国家安全机关同意，由国家安全机关书面通知银行将退还的保证金转账至被取保候审人或者其委托的人提供的银行账户。

第一百三十一条 被取保候审人没有违反本规定第一百一十二条、第一百一十三条规定，但在取保候审期间涉嫌故意实施新的犯罪被立案侦查的，国家安全机关应当暂扣保证金，待人民法院判决生效后，决定是否没收保证金。对故意实施新的犯罪的，应当没收保证金；对过失实施新的犯罪或者不构成犯罪的，应当退还保证金。

第三节 监视居住

第一百三十二条 国家安全机关对符合逮捕条件，有下列情形之一的犯罪嫌疑人，可以监视居住：

（一）患有严重疾病、生活不能自理的；

（二）怀孕或者正在哺乳自己婴儿的妇女；

（三）系生活不能自理的人的唯一扶养人；

（四）因为案件的特殊情况或者办理案件的需要，采取监视居住措施更为适宜的；

（五）羁押期限届满，案件尚未办结，需要采取监视居住措施的。

对于人民检察院决定不批准逮捕的犯罪嫌疑人，需要继续侦查，并且符合监视居住条件的，可以监视居住。

对于符合取保候审条件，但犯罪嫌疑人不能提出保证人，也不交纳保证金的，可以监视居住。

对于被取保候审人违反本规定第一百一十二条、第一百一十三条规定，需要监视居住的，可以监视居住。

第一百三十三条 对犯罪嫌疑人监视居住，应当经国家安全机关负责人批准，制作监视居住决定书。监视居住决定书应当向犯罪嫌疑人宣读，由犯罪嫌疑人签名、捺指印。

第一百三十四条 监视居住应当在犯罪嫌疑人、被告人的住处执行，无固定住处的，可以在指定的居所执行。

对涉嫌危害国家安全犯罪、恐怖活动犯罪，在住处执行可能有碍侦查的，经上一级国家安全机关批准，可以在指定的居所执行监视居住。指定居所监视居住的，不得要求被监视居住人支付费用。

有下列情形之一的，属于本条规定的“有碍侦查”：

（一）可能毁灭、伪造证据，干扰证人作证或者串供的；

（二）可能引起犯罪嫌疑人自残、自杀或者逃跑的；

（三）可能引起同案犯逃避、妨碍侦查的；

（四）犯罪嫌疑人、被告人在住处执行监视居住有人身危险的；

（五）犯罪嫌疑人、被告人的家属或者所在单位人员与犯罪有牵连的。

第一百三十五条 指定的居所应当符合下列条件：

（一）具备正常的生活、休息条件；

（二）便于监视、管理；

（三）保证安全。

不得在羁押场所、专门的办案场所或者办公场所执行监视居住。

第一百三十六条 人民法院、人民检察院决定监视居住的，负责执行的国家安全机关应当在收到法律文书和有关材料二十四小时以内，核实被监视居住人身份、住处或者居所等情况后执行。必要时，可以由人民法院、人民检察院协助执行。

第一百三十七条 指定居所监视居住，除无法通知的以外，应当制作指定居所监视居住通知书，在执行监视居住后二十四小时以内，由决定机关通知被监视居住人的家属。

无法通知的情形消失后，应当立即通知被监视居住人的家属。

第一百三十八条 国家安全机关执行监视居住，应当严格对被监视居住人进行监督考察，确保安全。

人民法院、人民检察院决定监视居住的，负责执行的国家安全机关应当及时将监视居住的执行情况通知决定机关。

第一百三十九条 国家安全机关在宣布监视居住决定时，应当告知被监视居住人遵守以下规定：

（一）未经国家安全机关批准不得离开执行监视居住的处所；

（二）未经国家安全机关批准不得会见他人或者通信；

（三）在传讯的时候及时到案；

（四）不得以任何形式干扰证人作证；

（五）不得毁灭、伪造证据或者串供；

（六）将护照等出入境证件、身份证件、驾驶证件交国家安全机关保存。

第一百四十条 被监视居住人有正当理由要求离开住处或者指定的居所以及要求会见他人或者通信的，应当经国家安全机关批准。

人民法院、人民检察院决定监视居住的，负责执行的国家安全机关在批准被监视居住人离开住处或者指定的居所以及与他人会见或者通信前，应当征得决定机关同意。

第一百四十一条 国家安全机关可以采取电子监控、不定期检查等监视方法，对被监视居住人遵守有关规定的情况进行监督；在侦查期间，可以对被监视居住人的通信进行监控。

第一百四十二条 被监视居住人委托辩护律师，适用本规定第四十一条、第四十三条、第四十四条和第四十五条规定。

第一百四十三条 被监视居住人违反应当遵守的规定，国家安全机关应当责令其具结悔过或者依照有关法律法规追究责任；情节严重的，可以提请人民检察院批准逮捕；需要予以逮捕的，可以对其先行拘留。

人民法院、人民检察院决定监视居住的，被监视居住人违反应当遵守的规定，负责执行的国家安全机关应当及时告知决定机关。

第一百四十四条 监视居住最长不得超过六个月。

在监视居住期间，国家安全机关不得中断对案件的侦查。对被监视居住的犯罪嫌疑人，根据案件情况或者监视居住期满，应当及时解除监视居住或者变更强制措施。

第一百四十五条 需要解除监视居住的，应当经国家安全机关负责人批准，制作解除监视居住决定书，并及时通知被监视居住人和有关单位。

人民法院、人民检察院作出解除、变更监视居住决定的，负责执行的国家安全机关应当及时解除，并通知被监视居住人和有关单位。

第一百四十六条 国家安全机关对犯罪嫌疑人决定和执行指定居所监视居住时，应当接受人民检察院的监督。

人民检察院向国家安全机关提出纠正意见的，国家安全机关应当及时纠正，并将有关情况回复人民检察院。

第四节 拘 留

第一百四十七条 国家安全机关对现行犯或者重大嫌疑分子，如果有下列情形之一的，可以先行拘留：

（一）正在预备犯罪、实行犯罪或者在犯罪后即时被发觉的；

（二）被害人或者在场亲眼看见的人指认他犯罪的；

（三）在身边或者住处发现有犯罪证据的；

（四）犯罪后企图自杀、逃跑或者在逃的；

（五）有毁灭、伪造证据或者串供可能的；

（六）不讲真实姓名、住址，身份不明的；

（七）有流窜作案、多次作案、结伙作案重大嫌疑的。

第一百四十八条 拘留犯罪嫌疑人，应当经国家安全机关负责人批准，制作拘留证。

执行拘留的侦查人员不得少于二人。执行拘留时，应当向被拘留人出示拘留证，并责令其在拘留证上签名、捺指印。

紧急情况下，对于符合本规定第一百四十七条所列情形之一的，经出示人民警察证或者侦察证，可以将犯罪嫌疑人口头传唤至国家安全机关后立即审查，办理法律手续。

第一百四十九条 拘留后，应当立即将被拘留人送看守所羁押，至迟不得超过二十四小时。异地执行拘留，无法及时将犯罪嫌疑人押解回管辖地的，应当在宣布拘留后立即将其送就近的看守所羁押，至迟不得超过二十四小时。到达管辖地后，应当立即将犯罪嫌疑人送看守所羁押。

第一百五十条 除无法通知或者涉嫌危害国家安全犯罪、恐怖活动犯罪通知可能有碍侦查的情形以外，应当在拘留后二十四小时以内制作拘留通知书，通知被拘留人的家属。拘留通知书应当写明拘留原因和羁押处所。无法通知或者有碍侦查的情形消失以后，应当立即通知被拘留人的家属。对于没有在二十四小时以内通知家属的，应当在拘留通知书中注明原因。

有下列情形之一的，属于本条规定的“有碍侦查”：

（一）可能毁灭、伪造证据，干扰证人作证或者串供的；

（二）可能引起同案犯逃避、妨碍侦查的；

（三）犯罪嫌疑人的家属与犯罪有牵连的。

第一百五十一条 对于被拘留人，应当在拘留后的二十四小时以内进行讯问。发现不应当拘留的，经国家安全机关负责人批准，制作释放通知书，通知看守所。看守所应当立即释放被拘留人，并发给释放证明书。

第一百五十二条 国家安全机关对被拘留人，经过审查认为需要逮捕的，应当在拘留后的三日以内，提请人民检察院审查批准。在特殊情况下，经国家安全机关负责人批准，提请审查批准的时间可以延长一日至四日。

对于流窜作案、多次作案、结伙作案的重大嫌疑分子，经国家安全机关负责人批准，提请审查批准的时间可以延长至三十日。

延长提请审查批准逮捕时间的，应当经国家安全机关负责人批准，制作变更羁押期限通知书，通知看守所和被拘留人。

第一百五十三条 犯罪嫌疑人不讲真实姓名、住址，身份不明的，应当对其身份进行调查。对于符合逮捕条件的犯罪嫌疑人，也可以按其自报的姓名提请批准逮捕。

第一百五十四条 对被拘留的犯罪嫌疑人审查后，根据案件情况报经国家安全机关负责人批准，分别作出如下处理：

（一）需要逮捕的，在拘留期限内，依法办理提请批准逮捕手续；

（二）应当追究刑事责任，但不需要逮捕的，依法办理取保候审或者监视居住手续后，向人民检察院移送审查起诉；

（三）拘留期限届满，案件尚未办结，需要继续侦查的，依法办理取保候审或者监视居住手续；

（四）具有本规定第二百零六条规定情形之一的，释放被拘留人，发给释放证明书；需要行政处理的，依法予以处理或者移送有关部门。

第五节　逮　　捕

第一百五十五条 国家安全机关对有证据证明有犯罪事实，可能判处徒刑以上刑罚的犯罪嫌疑人，采取取保候审尚不足以防止发生下列社会危险性的，应当提请批准逮捕：

（一）可能实施新的犯罪的；

（二）有危害国家安全、公共安全或者社会秩序的现实危险的；

（三）可能毁灭、伪造证据，干扰证人作证或者串供的；

（四）可能对被害人、举报人、控告人实施打击报复的；

（五）企图自杀或者逃跑的。

对于有证据证明有犯罪事实，可能判处十年有期徒刑以上刑罚的，或者有证据证明有犯罪事实，可能判处徒刑以上刑罚，曾经故意犯罪或者身份不明的，应当提请批准逮捕。

第一百五十六条 有证据证明有犯罪事实，是指同时具备下列情形：

（一）有证据证明发生了犯罪事实；

（二）有证据证明该犯罪事实是犯罪嫌疑人实施的；

（三）证明犯罪嫌疑人实施犯罪行为的证据已有查证属实的。

前款规定的“犯罪事实”既可以是单一犯罪行为的事实，也可以是数个犯罪行为中任何一个犯罪行为的事实。

第一百五十七条 提请批准逮捕，应当将犯罪嫌疑人涉嫌犯罪的性质、情节，认罪认罚等情况，作为是否可能发生社会危险性的考虑因素。

国家安全机关提请人民检察院审查批准逮捕时，应当收集、固定犯罪嫌疑人具有社会危险性的证据，并在提请批准逮捕时随卷移送。对于证明犯罪事实的证据能够证明犯罪嫌疑人具有社会危险性的，应当在提请批准逮捕书中专门予以说明。

第一百五十八条 被取保候审人违反取保候审规定，具有下列情形之一的，可以提请批准逮捕：

（一）涉嫌故意实施新的犯罪的；

（二）有危害国家安全、公共安全或者社会秩序的现实危险的；

（三）实施毁灭、伪造证据或者干扰证人作证、串供行为，足以影响侦查工作正常进行的；

（四）对被害人、证人、鉴定人、举报人、控告人及其他人员实施打击报复或者恐吓滋扰的；

（五）企图自杀、逃跑，逃避侦查的；

（六）未经批准，擅自离开所居住的市、县，情节严重的，或者两次以上未经批准，擅自离开所居住的市、县的；

（七）经传讯无正当理由不到案，情节严重的，或者经两次以上传讯不到案的；

（八）住址、工作单位和联系方式发生变动，未在二十四小时以内向国家安全机关报告，造成严重后果的；

（九）违反规定进入特定场所、从事特定活动或者与特定人员会见、通信，严重妨碍侦查正常进行的；

（十）有其他依法应当提请批准逮捕的情形的。

第一百五十九条 被监视居住人违反监视居住规定，具有下列情形之一的，可以提请批准逮捕：

（一）涉嫌故意实施新的犯罪的；

（二）实施毁灭、伪造证据或者干扰证人作证、串供行为，足以影响侦查工作正常进行的；

（三）对被害人、证人、鉴定人、举报人、控告人及其他人员实施打击报复或者恐吓滋扰的；

（四）企图自杀、逃跑，逃避侦查的；

（五）未经批准，擅自离开执行监视居住的处所，情节严重的，或者两次以上未经批准，擅自离开执行监视居住的处所的；

（六）未经批准，擅自会见他人或者通信，情节严重的，或者两次以上未经批准，擅自会见他人或者通信的；

（七）经传讯无正当理由不到案，情节严重的，或者经两次以上传讯不到案的；

（八）有其他依法应当提请批准逮捕的情形的。

第一百六十条 提请批准逮捕犯罪嫌疑人时，应当经国家安全机关负责人批准，制作提请批准逮捕书，连同案卷材料、证据，一并移送同级人民检察院审查。

犯罪嫌疑人自愿认罪认罚的，应当记录在案，并在提请批准逮捕书中写明有关情况。

第一百六十一条 对于人民检察院在审查批准逮捕过程中通知补充侦查的，国家安全机关应当按照人民检察院的补充侦查提纲补充侦查，并将补充侦查的案件材料及时送人民检察院。

国家安全机关补充侦查完毕，认为符合逮捕条件的，应当重新提请批准逮捕。

第一百六十二条 补充侦查期间正在执行的强制措施期限届满的，应当及时变更强制措施。

第一百六十三条 接到人民检察院批准逮捕决定后，应当由国家安全机关负责人签发逮捕证，立即执行，并将执行回执三日内送达作出批准逮捕决定的人民检察院。

如果未能执行的，也应当将执行回执送达人民检察院，并写明未能执行的原因。

第一百六十四条 国家安全机关执行逮捕时，应当向被逮捕人出示逮捕证，并责令其在逮捕证上签名、捺指印。逮捕后，应当立即将被逮捕人送看守所羁押。

执行逮捕的侦查人员不得少于二人。

第一百六十五条 对于被逮捕的人，应当在逮捕后二十四小时以内进行讯问。发现不应当逮捕的，经国家安全机关负责人批准，制作释放通知书，通知看守所和原批准逮捕的人民检察院。看守所应当立即释放被逮捕人，并发给释放证明书。

第一百六十六条 对犯罪嫌疑人执行逮捕后，除无法通知的情形以外，应当在逮捕后二十四小时以内，制作逮捕通知书，通知被逮捕人的家属。逮捕通知书应当写明逮捕原因和羁押处所。

无法通知的情形消失后，应当立即通知被逮捕人的家属。

对于没有在二十四小时以内通知家属的，应当在逮捕通知书中注明原因。

第一百六十七条 对于人民检察院不批准逮捕的，国家安全机关在收到不批准逮捕决定书后，如果犯罪嫌疑人已被拘留的，应当立即释放或者变更强制措施，并将执行回执在收到不批准逮捕决定书后的三日以内送达作出不批准逮捕决定的人民检察院。

第一百六十八条 对于人民检察院不批准逮捕而未说明理由的，国家安全机关可以要求人民检察院说明理由。

第一百六十九条 对人民检察院不批准逮捕的决定，国家安全机关认为有错误需要复议的，应当在收到不批准逮捕决定书后五日以内，经国家安全机关负责人批准，制作要求复议意见书，送交同级人民检察院复议。

如果意见不被接受，认为需要复核的，应当在收到人民检察院的复议决定书后五日以内，经国家安全机关负责人批准，制作提请复核意见书，连同人民检察院的复议决定，一并提请上一级人民检察院复核。

第一百七十条 人民法院、人民检察院决定逮捕犯罪嫌疑人、被告人的，由国家安全机关凭人民法院、人民检察院决定逮捕的法律文书制作逮捕证并立即执行。必要时，可以请人民法院、人民检察院协助执行。执行逮捕后，应当及时通知决定机关。

国家安全机关未能抓获犯罪嫌疑人、被告人的，应当将执行情况和未能抓获的原因通知决定逮捕的人民检察院、人民法院。对于犯罪嫌疑人、被告人在逃的，在人民检察院、人民法院撤销逮捕决定之前，国家安全机关应当组织力量继续执行。

第一百七十一条 人民检察院在审查批准逮捕工作中发现国家安全机关的侦查活动存在违法情况，通知国家安全机关予以纠正的，国家安全机关应当调查核实，对于发现的违法情况应当及时纠正，并将有关情况书面回复人民检察院。

第六节 羁 押

第一百七十二条 对犯罪嫌疑人逮捕后的侦查羁押期限，不得超过二个月。

案情复杂、期限届满不能侦查终结，需要提请延长侦查羁押期限的，应当经国家安全机关负责人批准，制作提请批准变更侦查羁押期限意见书，说明延长羁押期限案件的主要案情和延长羁押期限的具体理由，在羁押期限届满七日前提请同级人民检察院转报上一级人民检察院批准延长一个月。

第一百七十三条 下列案件在本规定第一百七十二条规定的期限届满不能侦查终结的，应当经国家安全机关负责人批准，制作提请批准变更羁押期限意见书，在羁押期限届满七日前提请人民检察院批准，延长二个月：

（一）交通十分不便的边远地区的重大复杂案件；

（二）重大的犯罪集团案件；

（三）流窜作案的重大复杂案件；

（四）犯罪涉及面广，取证困难的重大复杂案件。

第一百七十四条 对于犯罪嫌疑人可能判处十年有期徒刑以上刑罚，依照本规定第一百七十三条规定延长期限届满，仍不能侦查终结的，应当经国家安全机关负责人批准，制作提请批准变更羁押期限意见书，在羁押期限届满七日前提请同级人民检察院转报省、自治区、直辖市人民检察院批准，再延长二个月。

第一百七十五条 国家安全机关执行逮捕后，有下列情形之一的，应当释放犯罪嫌疑人或者变更强制措施，并通知原批准逮捕的人民检察院：

（一）案件证据发生重大变化，没有证据证明有犯罪事实或者犯罪行为系犯罪嫌疑人所为的；

（二）案件事实或者情节发生变化，犯罪嫌疑人可能判处拘役、管制、独立适用附加刑、免予刑事处罚或者判决无罪的；

（三）继续羁押犯罪嫌疑人，羁押期限可能超过依法可能判处的刑期的。

第一百七十六条 犯罪嫌疑人被逮捕后，人民检察院认为不需要继续羁押，建议予以释放或者变更强制措施的，国家安全机关应当予以调查核实。经调查核实后，认为不需要继续羁押的，应当予以释放或者变更强制措施，并在十日以内将处理情况通知人民检察院；认为需要继续羁押的，应当通知人民检察院并说明理由。

第一百七十七条 对于延长侦查羁押期限的，国家安全机关的办案部门应当制作变更羁押期限通知书，通知看守所。

第一百七十八条 侦查期间，发现犯罪嫌疑人另有重要罪行，自发现之日起依照本规定第一百七十二条重新计算侦查羁押期限。国家安全机关应当自发现之日起五日以内，经国家安全机关负责人批准，制作变更羁押期限通知书，送达看守所，并报批准逮捕的人民检察院备案。

前款规定的“另有重要罪行”，是指与逮捕时的罪行不同种的重大犯罪和同种的影响罪名认定、量刑档次的重大犯罪。

第一百七十九条 犯罪嫌疑人不讲真实姓名、住址，身份不明的，应当对其身份进行调查。经国家安全机关负责人批准，侦查羁押期限自查清身份之日起计算，但是不得停止对其犯罪行为的侦查取证。

对于犯罪事实清楚，证据确实、充分，确实无法查明其身份的，可以按其自报的姓名移送人民检察院审查起诉。

第一百八十条 看守所应当凭国家安全机关签发的拘留证、逮捕证收押被拘留、逮捕的犯罪嫌疑人、被告人。犯罪嫌疑人、被告人被送至看守所羁押时，看守所应当在拘留证、逮捕证上注明犯罪嫌疑人、被告人到达看守所的时间。

查获被通缉、脱逃的犯罪嫌疑人以及执行追捕、押解任务需要临时寄押的，应当持通缉令或者其他有关法律文书并经寄押地国家安全机关负责人批准，送国家安全机关看守所寄押，看守所应当及时予以配合。

临时寄押的犯罪嫌疑人出所时，看守所应当出具羁押该犯罪嫌疑人的证明，载明该犯罪嫌疑人基本情况、羁押原因、入所和出所时间。

第一百八十一条 看守所收押犯罪嫌疑人、被告人和罪犯，应当进行健康和体表检查，并予以记录。

第一百八十二条 看守所收押犯罪嫌疑人、被告人和罪犯，应当对其人身和携带的物品进行安全检查。发现违禁物品、犯罪证据和可疑物品，应当制作笔录，由被羁押人签名、捺指印后，送办案部门处理。

对于妇女的人身检查，应当由女工作人员进行。

第七节 其他规定

第一百八十三条 对犯罪嫌疑人执行拘传、拘留、逮捕、押解过程中，应当依法使用约束性警械。遇有暴力性对抗或者暴力犯罪行为，可以依法使用制服性警械或者武器。

第一百八十四条 国家安全机关发现对犯罪嫌疑人采取强制措施不当的，应当及时撤销或者变更。犯罪嫌疑人在押的，应当及时释放。释放被逮捕的人或者变更逮捕措施的，应当通知批准逮捕的人民检察院。

第一百八十五条 犯罪嫌疑人及其法定代理人、近亲属或者辩护律师有权申请变更强制措施。国家安全机关收到申请后，应当在三日以内作出决定。同意变更的，应当制作有关法律文书，通知申请人；不同意变更的，应当制作不予变更强制措施决定书，通知申请人，并说明理由。

第一百八十六条 国家安全机关对被采取强制措施法定期限届满的犯罪嫌疑人，应当予以释放、解除取保候审、监视居住或者依法变更强制措施。

犯罪嫌疑人及其法定代理人、近亲属或者辩护律师对犯罪嫌疑人被采取强制措施法定期限届满的，有权要求国家安全机关解除。国家安全机关应当立即进行审查，对于情况属实的，依照前款规定执行。

对于犯罪嫌疑人、被告人羁押期限即将届满的，看守所应当立即通知办案部门。

第一百八十七条 取保候审变更为监视居住的，取保候审、监视居住变更为拘留、逮捕的，对原强制措施不再办理解除法律手续。

第一百八十八条 案件在取保候审、监视居住期间移送审查起诉后，人民检察院决定重新取保候审、监视居住或者变更强制措施的，对原强制措施不再办理解除法律手续。

第一百八十九条 国家安全机关依法对县级以上各级人民代表大会代表拘传、取保候审、监视居住、拘留或者提请批准逮捕的，应当按照《中华人民共和国全国人民代表大会和地方各级人民代表大会代表法》和有关规定办理。

第一百九十条 有下列情形之一的，属于本章中规定的“无法通知”：

（一）犯罪嫌疑人不讲真实姓名、住址、身份不明的；

（二）犯罪嫌疑人无家属的；

（三）提供的家属联系方式无法取得联系的；

（四）因自然灾害等不可抗力导致无法通知的。

第七章 立案、撤案

第一节 受 案

第一百九十一条 国家安全机关对于公民扭送、报案、控告、举报或者犯罪嫌疑人自动投案的，都应当接受，问明情况，并制作笔录，经核对无误后，由扭送人、报案人、控告人、举报人、投案人确认并签名、捺指印。必要时，应当对接受过程录音录像。

第一百九十二条 国家安全机关对扭送人、报案人、控告人、举报人、投案人提供的有关证据材料等，应当登记制作接受证据材料清单，由扭送人、报案人、控告人、举报人、投案人签名。必要时，应当拍照或者录音录像。

第一百九十三条 国家安全机关接受案件时，应当制作接受刑事案件登记表，并出具回执，将回执交扭送人、报案人、控告人、举报人。扭送人、报案人、控告人、举报人无法取得联系或者拒绝接受回执的，应当注明。

第一百九十四条 国家安全机关接受控告、举报的工作人员，应当向控告人、举报人说明诬告应负的法律责任。但是，只要不是捏造事实、伪造证据，即使控告、举报的事实有出入，甚至是错告的，也要和诬告严格加以区别。

第一百九十五条 扭送人、报案人、控告人、举报人如果不愿意公开自己的身份和扭送、报案、控告、举报的行为，国家安全机关应当在材料中注明，并为其保守秘密。

第一百九十六条 国家安全机关对行政机关、其他侦查机关移送的犯罪案件线索或者犯罪嫌疑人，应当依照本规定第一百九十一条、第一百九十二条和第一百九十三条的规定，办理相关受案手续。

第一百九十七条 国家安全机关对接受的案件，或者发现的案件线索，应当迅速进行审查。

对于在审查中发现案件事实或者线索不明的，必要时，经国家安全机关负责人批准，可以进行调查核实。

调查核实过程中，国家安全机关可以依照有关法律和规定采取不限制被调查对象人身、财产权利的措施。

第一百九十八条 国家安全机关经过审查，认为有犯罪事实，但不属于自己管辖的，应当经国家安全机关负责人批准，制作移送案件通知书，及时移送有管辖权的机关处理，并且通知扭送人、报案人、控告人、举报人和移送案件的机关。对于不属于自己管辖而又必须采取紧急措施的，应当先采取紧急措施，然后办理手续，移送主管机关。

对不属于国家安全机关职责范围的事项，在接报案时能够当场判断的，应当立即口头告知扭送人、报案人、控告人、举报人向其他主管机关报案。

第一百九十九条 经过审查，对于不够刑事处罚需要给予行政处理的，依法予以处理或者移送有关部门。

第二节 立 案

第二百条 国家安全机关对于接受的案件，或者发现的案件线索，经过审查，认为有犯罪事实，需要追究刑事责任，且属于自己管辖的，应当经国家安全机关负责人批准，制作立案决定书，予以立案；认为没有犯罪事实，或者犯罪事实显著轻微不需要追究刑事责任，或者具有其他依法不追究刑事责任情形的，经国家安全机关负责人批准，不予立案，并制作不立案通知书，书面通知移送案件的机关或者控告人。

决定不予立案后又发现新的事实或者证据，或者发现原认定事实错误，需要追究刑事责任的，应当及时立案处理。

第二百零一条 控告人对不予立案决定不服的，可以在收到不予立案通知书后七日以内向作出决定的国家安全机关申请复议；国家安全机关应当在收到复议申请后三十日以内作出决定，并将决定书送达控告人。控告人对不予立案的复议决定不服的，可以在收到复议决定书后七日以内向上一级国家安全机关申请复核；上一级国家安全机关应当在收到复核申请后三十日以内作出决定。对上级国家安全机关撤销不予立案决定的，下级国家安全机关应当执行。案情重大、复杂的，国家安全机关可以延长复议、复核时限，但是延长时限不得超过三十日，并书面告知申请人。

移送案件的行政执法机关对不予立案决定不服的，可以在收到不予立案通知书后三日以内向作出决定的国家安全机关申请复议；国家安全机关应当在收到行政执法机关的复议申请后三日以内作出决定，并书面通知移送案件的行政执法机关。

第二百零二条 人民检察院要求国家安全机关说明不立案理由的，

国家安全机关应当在收到人民检察院法律文书之日起七日以内，制作不立案理由说明书，说明不立案的情况、依据和理由，回复人民检察院。国家安全机关作出立案决定的，应当将立案决定书复印件送达人民检察院。

人民检察院通知国家安全机关予以立案的，国家安全机关应当在收到立案通知后十五日以内立案，并将立案决定书复印件送达人民检察院。

第二百零三条 人民检察院认为国家安全机关不应当立案而立案，提出纠正意见的，国家安全机关应当进行调查核实，并将有关情况回复人民检察院。

第二百零四条 经立案侦查，认为有犯罪事实需要追究刑事责任，但不属于自己管辖或者需要由其他国家安全机关并案侦查的案件，经国家安全机关负责人批准，制作移送案件通知书，移送有管辖权的机关或者并案侦查的国家安全机关，并在移送案件后三日以内书面通知扭送人、报案人、控告人、举报人或者移送案件的机关；犯罪嫌疑人已经到案的，应当依照本规定的有关规定通知其家属。

第二百零五条 案件变更管辖或者移送其他国家安全机关并案侦查时，与案件有关的法律文书、证据、财物及其孳息应当随案移交。

移交时，由接收人、移交人当面查点清楚，并在交接单据上共同签名。

第三节 撤　　案

第二百零六条 经过侦查，发现具有下列情形之一的，应当撤销案件：

（一）没有犯罪事实的；

（二）情节显著轻微、危害不大，不认为是犯罪的；

（三）犯罪已过追诉时效期限的；

（四）经特赦令免除刑罚的；

（五）犯罪嫌疑人死亡的；

（六）其他依法不追究刑事责任的。

对于经过侦查，发现有犯罪事实需要追究刑事责任，但不是被立案侦查的犯罪嫌疑人实施的，或者共同犯罪案件中部分犯罪嫌疑人不够刑事处罚的，应当对有关犯罪嫌疑人终止侦查，并对该案件继续侦查。

第二百零七条 需要撤销案件或者对犯罪嫌疑人终止侦查的，应当报国家安全机关负责人批准。

国家安全机关决定撤销案件或者对犯罪嫌疑人终止侦查时，原犯罪嫌疑人在押的，应当立即释放，发给释放证明书。原犯罪嫌疑人被逮捕的，应当通知原批准逮捕的人民检察院。对原犯罪嫌疑人采取其他强制措施的，应当立即解除强制措施；需要行政处理的，依法予以处理或者移交有关部门。

对于查封、扣押的财物及其孳息、文件，或者冻结的财产，除按照法律和有关规定另行处理的以外，应当解除查封、扣押、冻结，并及时返还或者通知当事人。

第二百零八条 犯罪嫌疑人自愿如实供述涉嫌犯罪的事实，有重大立功或者案件涉及国家重大利益，需要撤销案件的，办理案件的国家安全机关应当层报国家安全部，由国家安全部提请最高人民检察院核准后撤销案件。报请撤销案件的国家安全机关应当同时将相关情况通报同级人民检察院。

根据前款规定撤销案件的，国家安全机关应当及时对查封、扣押、冻结的财物及其孳息作出处理。

第二百零九条 国家安全机关作出撤销案件决定后，应当在三日以内告知原犯罪嫌疑人、被害人或者其近亲属、法定代理人以及移送案件的机关。

国家安全机关作出终止侦查决定后，应当在三日以内告知原犯罪嫌疑人。

第二百一十条 国家安全机关撤销案件以后又发现新的事实或者证据，或者发现原认定事实错误，认为有犯罪事实需要追究刑事责任的，应当重新立案侦查。

对犯罪嫌疑人终止侦查以后又发现新的事实或者证据，或者发现原认定事实错误，需要对其追究刑事责任的，应当继续侦查。

第八章 侦 查

第一节 一般规定

第二百一十一条 国家安全机关对已经立案的刑事案件，应当进行侦查，全面、客观地收集、调取犯罪嫌疑人有罪或者无罪、罪轻或者罪重的证据材料。

第二百一十二条 国家安全机关经过侦查，对有证据证明有犯罪事实的案件，应当进行预审，对收集、调取的证据材料的真实性、合法性、关联性及证明力予以审查。

第二百一十三条 国家安全机关侦查犯罪，应当严格依照法律规定的条件和程序采取强制措施和侦查措施，严禁在没有证据的情况下，仅凭怀疑就对犯罪嫌疑人采取强制措施和侦查措施。

国家安全机关依法查封、扣押、冻结涉案财物，应当为犯罪嫌疑人及其所扶养的亲属保留必需的生活费用和物品，减少对涉案单位正常办公、生产、经营等活动的影响。严禁在立案之前查封、扣押、冻结财物，不得查封、扣押、冻结与案件无关的财物。对查封、扣押、冻结的财物，应当及时进行审查。能够保证侦查活动正常进行的，可以允许有关当事人继续合理使用有关涉案财物，但应当采取必要的保值、保管措施。

第二百一十四条 国家安全机关开展勘验、检查、搜查、辨认、查封、扣押等侦查活动，应当邀请有关公民作为见证人。

下列人员不得担任侦查活动的见证人：

（一）生理上、精神上有缺陷或者年幼，不具有相应辨别能力或者不能正确表达的人；

（二）与案件有利害关系，可能影响案件公正处理的人；

（三）国家安全机关的工作人员或者其聘用的人员。

确因客观原因无法由符合条件的人员担任见证人的，应当对有关侦查活动进行全程录音录像，并在笔录中注明有关情况。

第二百一十五条 国家安全机关侦查犯罪，涉及国家秘密、工作秘密、商业秘密和个人隐私、个人信息的，应当保密。

第二百一十六条 当事人和辩护人、诉讼代理人、利害关系人对于国家安全机关及其侦查人员有下列行为之一的，有权向该机关申诉或者控告：

（一）采取强制措施法定期限届满，不予以释放、解除或者变更的；

（二）应当退还取保候审保证金不退还的；

（三）对与案件无关的财物采取查封、扣押、冻结措施的；

（四）应当解除查封、扣押、冻结不解除的；

（五）贪污、挪用、私分、调换、违反规定使用查封、扣押、冻结的财物的。

受理申诉或者控告的国家安全机关应当及时进行调查核实，并在收到申诉、控告之日起三十日以内作出处理决定，书面回复申诉人、控告人。发现国家安全机关及其侦查人员有上述行为之一的，应当立即纠正。

申诉人、控告人对处理决定不服的，可以向同级人民检察院申诉。人民检察院提出纠正意见，国家安全机关应当纠正并及时将处理情况回复人民检察院。

第二节　讯问犯罪嫌疑人

第二百一十七条　讯问犯罪嫌疑人应当在讯问室进行。下列情形除外：

（一）紧急情况下在现场进行讯问的；

（二）对有严重伤病或者残疾、行动不便的，以及正在怀孕的犯罪嫌疑人，在其住处或者就诊的医疗机构进行讯问的。

对于已送交看守所羁押的犯罪嫌疑人，应当在看守所讯问室进行讯问。

对于正在被执行行政拘留、强制隔离戒毒的人员以及正在监狱服刑的罪犯，可以在其执行场所进行讯问。

对于不需要逮捕、拘留的犯罪嫌疑人，经办案部门负责人批准，可以传唤到犯罪嫌疑人所在市、县内的指定地点或者到他的住处进行讯问。

第二百一十八条　传唤犯罪嫌疑人时，应当出示传唤证和人民警察证或者侦察证，责令其在传唤证上签名、捺指印。

犯罪嫌疑人到案后，应当由其在传唤证上填写到案时间。传唤结束后，应当责令其在传唤证上填写传唤结束时间。

对于在现场发现的犯罪嫌疑人，侦查人员经出示人民警察证或者侦察证，可以口头传唤，并将传唤的原因和依据告知被传唤人。讯问笔录中应当注明犯罪嫌疑人到案经过，并由犯罪嫌疑人注明到案时间和传唤结束时间。

对自动投案或者群众扭送到国家安全机关的犯罪嫌疑人，可以依法传唤。

第二百一十九条　传唤持续的时间从犯罪嫌疑人到案时开始计算，不得超过十二小时；案情特别重大、复杂，需要采取拘留、逮捕措施的，经办案部门负责人批准，传唤持续的时间不得超过二十四小时。不得以连续传唤的形式变相拘禁犯罪嫌疑人。

传唤期限届满，未作出采取其他强制措施决定的，应当立即结束传唤。

第二百二十条 传唤、拘传、讯问犯罪嫌疑人，应当保证犯罪嫌疑人的饮食和必要的休息时间，并记录在案。

第二百二十一条 讯问犯罪嫌疑人，应当由国家安全机关侦查人员进行。讯问时，侦查人员不得少于二人。

讯问同案的犯罪嫌疑人，应当个别进行。

第二百二十二条 第一次讯问犯罪嫌疑人，侦查人员应当告知犯罪嫌疑人所享有的诉讼权利和应履行的诉讼义务，并在笔录中予以注明。

第一次讯问，应当问明犯罪嫌疑人的基本情况。

第二百二十三条 侦查人员讯问犯罪嫌疑人时，应当首先讯问犯罪嫌疑人是否有犯罪行为，并告知犯罪嫌疑人享有的诉讼权利，如实供述自己罪行可以从宽处理和认罪认罚的法律规定，让其陈述有罪的情节或者无罪的辩解，然后向其提出问题。犯罪嫌疑人对侦查人员的提问，应当如实回答。但是对与本案无关的问题，有拒绝回答的权利。

第二百二十四条 讯问聋、哑的犯罪嫌疑人，应当有通晓聋、哑手势的人参加，并在讯问笔录中注明犯罪嫌疑人的聋、哑情况。

讯问不通晓当地通用的语言文字的犯罪嫌疑人，应当配备翻译人员。

翻译人员的姓名、工作单位和职业等基本情况应当记录在案。

第二百二十五条 侦查人员应当将问话和犯罪嫌疑人的供述或者辩解如实地记录清楚。制作讯问笔录应当使用能够长期保持字迹的材料。

第二百二十六条 讯问犯罪嫌疑人时，犯罪嫌疑人或者辩护律师提出下列情况的，应当予以核实：

（一）犯罪嫌疑人在犯罪后投案自首，如实供述自己罪行，或者被采取强制措施后如实供述国家安全机关尚未掌握的其本人其他罪行的；

（二）犯罪嫌疑人有揭发他人犯罪行为，或者提供线索，从而得以侦破其他案件等立功表现的。

第二百二十七条 讯问笔录应当交犯罪嫌疑人核对。犯罪嫌疑人没有阅读能力的，应当向其宣读。如果记录有遗漏或者差错，犯罪嫌疑人可以提出补充或者改正。笔录中修改的地方应当经犯罪嫌疑人阅看、捺指印。犯罪嫌疑人核对无误后，应当逐页签名、捺指印，并在末页写明“以上笔录我看过（或：向我宣读过），和我说的相符”，同时签名、注明日期并捺指印。

侦查人员、翻译人员应当在讯问笔录中签名。

第二百二十八条 犯罪嫌疑人请求自行书写供述的，应当准许。必要时，侦查人员也可以要求犯罪嫌疑人书写亲笔供词。犯罪嫌疑人应当在亲笔供词的末页签名、注明书写日期，并捺指印。侦查人员收到后，应当在首页右上方写明“于某年某月某日收到”，并签名。

第二百二十九条 讯问犯罪嫌疑人，在文字记录的同时，可以对讯问过程进行录音或者录像；对于可能判处无期徒刑、死刑的案件或者其他重大犯罪案件，应当对讯问过程进行全程同步录音或者录像。录音或者录像应当全程同步不间断进行，保持完整性。不得选择性地录制，不得剪接、删改。

侦查人员应当告知犯罪嫌疑人将对讯问过程进行全程同步录音或者录像，告知情况应当在录音录像中予以反映，并在讯问笔录中注明。

对于人民检察院、人民法院根据需要调取讯问犯罪嫌疑人的录音或者录像的，国家安全机关应当及时提供。涉及国家秘密的，应当保密。

第二百三十条 对于犯罪嫌疑人供述的犯罪事实、无罪或者罪轻的事实、申辩和反证，以及犯罪嫌疑人提供的证明自己无罪、罪轻的证据，国家安全机关应当认真核实；对有关证据，无论是否采信，都应当如实记录、妥善保管，并连同核实情况附卷。

犯罪嫌疑人自愿认罪的，国家安全机关应当记录在案，随案移送。

第二百三十一条 重大案件侦查终结前，应当及时制作重大案件即将侦查终结通知书，通知人民检察院驻看守所检察人员对讯问合法性进行核查。经核实确有刑讯逼供等非法取证情形的，国家安全机关应当及时排除非法证据，不得作为提请批准逮捕、移送审查起诉的根据。

第三节 询问证人、被害人

第二百三十二条 询问证人，可以在现场进行，也可以到证人所在单位、住处或者证人提出的地点进行。必要时，可以书面、电话或者当场通知证人到国家安全机关提供证言。

在现场询问证人，侦查人员应当出示人民警察证或者侦察证。

到证人所在单位、住处或者证人提出的地点询问证人，应当经办案部门负责人批准，制作询问通知书。询问前，侦查人员应当出示询问通知书和人民警察证或者侦察证。

询问证人应当个别进行。

第二百三十三条 询问证人，应当由国家安全机关侦查人员进行。询问时，侦查人员不得少于二人。

第二百三十四条 询问证人，应当问明证人的基本情况、与犯罪嫌疑人的关系，告知证人必须如实提供证据、证言，以及有意作伪证或者隐匿罪证、泄露国家秘密应负的法律责任。问明和告知的情况，应当记录在案。

询问证人需要录音或者录像的，应当事先征得证人同意。

第二百三十五条 侦查人员不得向证人泄露案情或者表示对案件的看法，严禁采用拘禁、暴力、威胁、引诱、欺骗以及其他非法方法询问证人。

第二百三十六条 本规定第二百二十四条、第二百二十五条、第二百二十七条和第二百二十八条的规定，也适用于询问证人。

第二百三十七条 询问被害人，适用本节规定。

第四节 勘验、检查

第二百三十八条 侦查人员对与犯罪有关的场所、物品、文件、人身、尸体应当进行勘验或者检查，及时提取、采集与案件有关的痕迹、物证、生物样本、图像等。必要时，可以指派或者聘请具有专门知识的人，在侦查人员的主持下进行勘验、检查。

侦查人员执行勘验、检查，不得少于二人，并应持有有关证明文件。

第二百三十九条 勘验现场，应当拍摄现场照片、绘制现场图，制作笔录，由参加勘查的人和见证人签名。对重大案件的现场，应当录像。

第二百四十条 为了确定被害人、犯罪嫌疑人的某些特征、生理状态或者伤害情况，侦查人员可以对人身进行检查，依法提取、采集肖像、指纹等人体生物识别信息，采集血液、尿液等生物样本。必要时，可以指派、聘请法医或者医师进行人身检查。采集血液等生物样本应当由医师进行。被害人死亡的，应当通过被害人近亲属辨认、提取生物样本鉴定等方式确定被害人身份。

犯罪嫌疑人拒绝检查、提取、采集的，侦查人员认为必要的时候，经办案部门负责人批准，可以强制检查、提取、采集。

检查妇女的身体，应当由女工作人员或者医师进行。

人身检查不得采用损害被检查人生命、健康或者贬低其名誉或人格的方法。

检查的情况应当制作笔录，由参加检查的侦查人员、检查人员、被检查人员和见证人签名。

第二百四十一条 为了确定死因，经国家安全机关负责人批准，可以解剖尸体，并且通知死者家属到场，让其在解剖尸体通知书上签名。

死者家属无正当理由拒不到场或者拒绝签名的，侦查人员应当注明。对身份不明的尸体，无法通知死者家属的，应当在笔录中注明。

对于已查明死因，没有继续保存必要的尸体，应当通知家属领回处理，对于无法通知或者通知后家属拒绝领回的，经国家安全机关负责人批准，可以及时处理。

第二百四十二条 国家安全机关进行勘验、检查后，人民检察院要求复验、复查的，国家安全机关应当进行复验、复查，并可以通知人民检察院派员参加。

第二百四十三条 为了查明案情，在必要的时候，经国家安全机关负责人批准，可以进行侦查实验。

侦查实验应当制作侦查实验笔录，由参加实验的人签名。必要时，应当对侦查实验过程进行录音录像。

进行侦查实验，禁止一切足以造成危险、侮辱人格或者有伤风化的行为。

第五节 搜 查

第二百四十四条 为了收集犯罪证据、查获犯罪人，经国家安全机关负责人批准，侦查人员可以对犯罪嫌疑人以及可能隐藏罪犯或者犯罪证据的人的身体、物品、住处、工作地点和其他有关的地方进行搜查。

第二百四十五条 进行搜查时，应当向被搜查人出示搜查证。执行搜查的人员不得少于二人。

搜查妇女的身体，应当由女工作人员进行。

第二百四十六条 执行拘留、逮捕的时候，遇有下列紧急情况之一的，不用搜查证也可以进行搜查：

（一）可能随身携带凶器的；

（二）可能隐藏爆炸、剧毒等危险物品的；

（三）可能隐匿、毁弃、转移犯罪证据的；

（四）可能隐匿其他犯罪嫌疑人的；

（五）其他突然发生的紧急情况。

搜查结束后，应当及时补办有关批准手续。

第二百四十七条 在搜查的时候，应当有被搜查人或者他的家属，邻居或者其他见证人在场。

国家安全机关可以要求有关单位和个人交出可以证明犯罪嫌疑人有罪或者无罪的物证、书证、视听资料等证据。遇到阻碍搜查的，侦查人员可以决定强制搜查，并记录在案。

第二百四十八条 搜查的情况应当制作笔录，由侦查人员和被搜查人或者他的家属，邻居或者其他见证人签名。

被搜查人拒绝签名，或者被搜查人在逃，其家属拒绝签名或者不在场的，侦查人员应当注明。

第六节 查封、扣押

第二百四十九条 在侦查中发现的可用以证明犯罪嫌疑人有罪或者无罪的各种财物、文件，应当查封、扣押；但与案件无关的财物、文件，不得查封、扣押。

持有人或者保管人拒绝交出应当查封、扣押的财物、文件的，国家安全机关可以强制查封、扣押。

第二百五十条 在侦查过程中需要查封、扣押财物、文件的，应当经国家安全机关负责人批准，制作查封、扣押决定书。执行查封、扣押的侦查人员不得少于二人。

在现场勘查、执行拘留、逮捕、搜查时，需要扣押财物、文件的，由现场负责人决定。执行扣押后，应当按前款规定及时补办有关批准手续。

第二百五十一条 查封、扣押的情况应当制作笔录，由侦查人员、持有人或者保管人、见证人签名。

对于查封、扣押的财物、文件，侦查人员应当会同在场的见证人、持有人或者保管人查点清楚，当场制作查封、扣押财物、文件清单一式三份，写明财物、文件的名称、编号、数量、特征及其来源等，由侦查人员、见证人、持有人或者保管人签名，一份交持有人或者保管人，一份附卷备查，一份交物证保管人员。

对于持有人、保管人无法确定或者不在现场的，侦查人员应当注明。

第二百五十二条 对作为犯罪证据但不便提取或者没有必要提取的财物、文件，经登记、拍照或者录音录像、估价后，可以交财物、文件持有人保管或者封存，并且开具登记保存清单一式两份，由侦查人员、持有人和见证人签名，一份交给财物、文件持有人，另一份连同照片或者录音录像资料附卷备查。财物、文件持有人应当妥善保管，不得转移、变卖、毁损。

第二百五十三条 对于应当查封土地、房屋等不动产和置于该不动产上不宜移动的设施、家具和其他相关财物，以及涉案的车辆、船舶、航空器和大型机器、设备等财物的，必要时可以扣押其权利证书，经拍照或者录像后原地封存，并在查封清单中注明相关财物的详细地址和相关特征，同时注明已经拍照或者录像及其权利证书已被扣押。

国家安全机关查封不动产和置于该不动产上不宜移动的设施、家具和其他相关财物，以及涉案的车辆、船舶、航空器和大型机械、设备等财物，应当在保证侦查活动正常进行的同时，尽量不影响有关当事人的正常生活和生产经营活动。必要时，可以将被查封的财物交持有人或者其近亲属保管，并书面告知保管人对被查封的财物应当妥善保管，不得擅自处置。

第二百五十四条 查封土地、房屋等涉案不动产，需要查询不动产权属情况的，应当制作协助查询财产通知书。

国家安全机关侦查人员到自然资源、房地产管理等有关部门办理查询时，应当出示人民警察证或者侦察证，提交协助查询财产通知书。自然资源、房地产管理等有关部门应当及时协助国家安全机关办理查询事项。国家安全机关查询并复制的有关书面材料，由权属登记机构或者权属档案管理机构加盖印章。因情况特殊，不能当场提供查询的，应当在五日以内提供查询结果。无法查询的，有关部门应当在五日以内书面告知国家安全机关。

第二百五十五条 查封、扣押外币、金银珠宝、文物、名贵字画以及其他不易辨别真伪的贵重物品，具备当场密封条件的，应当当场密封，由二名以上侦查人员在密封材料上签名并记明密封时间。不具备当场密封条件的，应当在笔录中记明，以拍照、录像等方法加以保全后进行封存。查封、扣押的贵重物品需要鉴定的，应当及时鉴定。

对于需要启封的财物和文件，应当由二名以上侦查人员共同办理。重新密封时，由二名以上侦查人员在密封材料上签名、记明时间。

第二百五十六条 对于不宜随案移送的物品，应当移送相关清单、照片或者其他证明文件。

第二百五十七条 对于因自身材质原因易损毁、灭失、腐烂、变质而不宜长期保存的食品、药品及其原材料等物品，长期不使用容易导致机械性能下降、价值贬损的车辆、船舶等物品，市场价格波动大的债券、股票、基金份额等财产和有效期即将届满的汇票、本票、支票等，权利人明确的，经其本人书面同意或者申请，并经设区的市级以上国家安全机关负责人批准，可以依法变卖、拍卖，所得款项存入本单位唯一合规账户；其中，对于冻结的债券、股票、基金份额等财产，有对应的银行账户的，应当将变现后的款项继续冻结在对应账户中。

善意第三人等案外人与涉案财物处理存在利害关系的，国家安全机关应当告知其相关诉讼权利。

第二百五十八条 对于违禁品，应当依照国家有关规定处理；对于需要作为证据使用的，应当在诉讼终结后处理。

第二百五十九条 需要扣押犯罪嫌疑人的邮件、电子邮件、电报的，应当经国家安全机关负责人批准，制作扣押邮件、电报通知书，通知邮电部门或者网络运营者将有关的邮件、电子邮件、电报检交扣押。

不需要继续扣押的，应当经国家安全机关负责人批准，制作解除扣押邮件、电报通知书，通知有关单位。

第二百六十条 对于查封、扣押的财物、文件、邮件、电子邮件、电报，经查明确实与案件无关的，应当在三日以内解除查封、扣押，退还原主或者原邮电部门、网络运营者；原主不明确的，应当采取公告方式告知原主认领。在通知原主或者公告后六个月以内，无人认领的，按照无主财物处理，登记后上缴国库。

第二百六十一条 有关犯罪事实查证属实后，对于有证据证明权属明确且无争议的被害人合法财产及其孳息，且返还不损害其他被害人或者利害关系人的利益，不影响案件正常办理的，应当在登记、拍照或者录音录像和估价后，报经国家安全机关负责人批准，开具发还清单返还，并在案卷材料中注明返还的理由，将原物照片、发还清单和被害人的领取手续存卷备查。

领取人应当是涉案财物的合法权利人或者其委托的人；委托他人领取的，应当出具委托书。侦查人员或者国家安全机关其他工作人员不得代为领取。

查找不到被害人，或者通知被害人后，无人领取的，应当将有关财产及其孳息随案移送。

第二百六十二条 对查封、扣押的财物及其孳息、文件，国家安全机关应当妥善保管，以供核查。任何单位和个人不得违规使用、调换、损毁、截留、坐支、私分或者擅自处理。

国家安全机关应当依照有关规定，严格管理涉案财物，及时办理涉案财物的移送、返还、变卖、拍卖、销毁、上缴国库等工作。

第七节　查询、冻结

第二百六十三条　国家安全机关根据侦查犯罪的需要，可以依照规定查询、冻结犯罪嫌疑人的存款、汇款、证券交易结算资金、期货保证金等资金，债券、股票、基金份额和其他证券，以及股权、保单权益和其他投资权益等财产，并可以要求有关单位和个人予以配合。

对于前款规定的财产，不得划转、转账或者以其他方式变相扣押。

第二百六十四条　查询、冻结犯罪嫌疑人的存款、汇款、证券交易结算资金、期货保证金等资金，债券、股票、基金份额和其他证券，以及股权、保单权益和其他投资权益等财产，应当经国家安全机关负责人批准，制作查询财产通知书或者冻结财产通知书，通知银行和其他单位执行。

第二百六十五条　涉案账户较多，属于同一省、自治区、直辖市内的不同地区，或者分属不同省、自治区、直辖市，国家安全机关需要对其集中查询、冻结的，可以按照有关规定，由办案地国家安全机关指派二名以上侦查人员持相关法律文书和人民警察证或者侦察证，通过有关银行和其他单位办理。

第二百六十六条　需要延长冻结期限的，应当按照原批准程序，在冻结期限届满前办理继续冻结手续。逾期不办理继续冻结手续的，视为自动解除冻结。

第二百六十七条　不需要继续冻结犯罪嫌疑人财产时，应当按照原批准程序，制作协助解除冻结财产通知书，通知银行和其他单位协助办理。

第二百六十八条　犯罪嫌疑人的财产已被冻结的，不得重复冻结，但可以轮候冻结。

第二百六十九条　冻结存款、汇款、证券交易结算资金、期货保证金等财产的期限为六个月。每次续冻期限最长不得超过六个月。对于重大、复杂案件，经设区的市级以上国家安全机关负责人批准，冻结存款、汇款、证券交易结算资金、期货保证金等财产的期限可以为一年。每次续冻期限最长不得超过一年。

冻结债券、股票、基金份额等证券的期限为二年。每次续冻期限最长不得超过二年。

冻结股权、保单权益或者投资权益的期限为六个月。每次续冻期限最长不得超过六个月。

第二百七十条 对于冻结的债券、股票、基金份额等财产，应当告知当事人或者其法定代理人、委托代理人有权申请出售。

权利人申请出售被冻结的债券、股票、基金份额等财产，不损害国家利益、被害人、其他权利人利益，不影响诉讼正常进行的，以及冻结的汇票、本票、支票的有效期即将届满的，经国家安全机关负责人批准，可以依法出售或者变现，所得价款应当继续冻结在其对应的银行账户中；没有对应的银行账户的，所得价款由国家安全机关在银行指定专门账户保管，并及时告知当事人或者其近亲属。

第二百七十一条 对冻结的财产，经查明确实与案件无关的，应当在三日以内通知银行和其他单位解除冻结，并通知被冻结财产的所有人。

第八节 鉴　　定

第二百七十二条 为了查明案情，解决案件中某些专门性问题，国家安全机关可以指派有鉴定资格的人进行鉴定，或者聘请具有合法资质的鉴定机构的鉴定人进行鉴定。

需要聘请鉴定人的，经国家安全机关负责人批准，制作鉴定聘请书。

第二百七十三条 国家安全机关应当为鉴定人进行鉴定提供必要的条件。

及时向鉴定人送交有关检材和对比样本等原始材料，介绍与鉴定有关的情况，并且明确提出要求鉴定解决的问题。

禁止暗示或者强迫鉴定人作出某种鉴定意见。

第二百七十四条 侦查人员应当做好检材的保管和送检工作，确保检材在流转环节的同一性和不被污染。

第二百七十五条 鉴定人应当按照鉴定规则，运用科学方法独立进行鉴定。鉴定后，应当出具鉴定意见，并在鉴定意见书上签名，由鉴定机构加盖鉴定机构司法鉴定专用章，同时附上鉴定机构和鉴定人的资质证明或者其他证明文件。

多人参加鉴定，鉴定人有不同意见的，应当注明。

鉴定人故意作虚假鉴定的，应当承担法律责任。

第二百七十六条 对于鉴定人出具的鉴定意见，国家安全机关应当进行审查。发现文字表达有瑕疵或者错别字，但不影响司法鉴定意见的，可以要求司法鉴定机构对鉴定意见进行补正。

对于经审查作为证据使用的鉴定意见，国家安全机关应当制作鉴定意见通知书，及时告知犯罪嫌疑人或者其法定代理人、被害人或者其家属。

第二百七十七条 犯罪嫌疑人、被害人对鉴定意见有异议提出申请，以及办案部门或者侦查人员对鉴定意见有疑义的，可以将鉴定意见送交其他有专门知识的人员提出意见。必要时，询问鉴定人并制作笔录附卷。

第二百七十八条 经审查，发现有下列情形之一的，经国家安全机关负责人批准，应当补充鉴定：

（一）鉴定内容有明显遗漏的；

（二）发现新的有鉴定意义的证物的；

（三）对鉴定证物有新的鉴定要求的；

（四）鉴定意见不完整，委托事项无法确定的；

（五）其他需要补充鉴定的情形。

经审查，不符合上述情形的，经国家安全机关负责人批准，作出不予补充鉴定的决定，并在作出决定后三日以内书面通知申请人。

第二百七十九条 经审查，发现有下列情形之一的，经国家安全机关负责人批准，应当重新鉴定：

（一）鉴定程序违法或者违反相关专业技术要求的；

（二）鉴定机构、鉴定人不具备鉴定资质和条件的；

（三）鉴定人故意作虚假鉴定或者违反回避规定的；

（四）鉴定意见依据明显不足的；

（五）检材虚假或者被损坏的；

（六）其他应当重新鉴定的情形。

重新鉴定，应当另行指派或者聘请鉴定人。

经审查，不符合上述情形的，经国家安全机关负责人批准，作出不予重新鉴定的决定，并在作出决定后三日以内书面通知申请人。

第二百八十条 公诉人、当事人或者辩护人、诉讼代理人对司法鉴定机构出具的鉴定意见有异议，经人民法院依法通知的，鉴定人应当出庭作证。

第二百八十一条 对犯罪嫌疑人作精神病鉴定的时间不计入办案期限，其他鉴定时间应当计入办案期限。

第九节 辨 认

第二百八十二条 为了查明案情，在必要的时候，侦查人员可以让犯罪嫌疑人或者证人、被害人对与犯罪有关的物品、文件、尸体、场所或者犯罪嫌疑人进行辨认。

第二百八十三条 辨认应当在侦查人员的主持下进行，主持辨认的侦查人员不得少于二人。

第二百八十四条 几名辨认人对同一辨认对象进行辨认时，应当由每名辨认人个别进行。

第二百八十五条 辨认时，应当首先让辨认人说明被辨认对象的特征，并在辨认笔录中注明，必要时，可以有见证人在场。

辨认时，应当将辨认对象混杂在特征相类似的其他对象中，不得在辨认前向辨认人展示辨认对象及其影像资料，不得给辨认人任何暗示。

辨认犯罪嫌疑人时，被辨认的人数不得少于七人；对犯罪嫌疑人照片进行辨认的，不得少于十人的照片。

辨认物品时，混杂的同类物品不得少于五件；对物品的照片进行辨认的，不得少于十个物品的照片。

对场所、尸体等特定辨认对象进行辨认，或者辨认人能够准确描述物品独有特征的，或者物品已经损坏、变形的，陪衬物不受数量的限制。

第二百八十六条 对犯罪嫌疑人的辨认，辨认人不愿意公开进行的，可以在不暴露辨认人的情况下进行，并应当为其保守秘密。

第二百八十七条 对辨认经过和结果，应当制作辨认笔录，由侦查人员、辨认人、见证人签名。必要时，应当对辨认过程进行录音录像。

辨认笔录和被辨认对象的照片、录音、录像等资料，应当一并附卷。

第十节　技术侦查

第二百八十八条 国家安全机关在立案后，对于危害国家安全犯罪、恐怖活动犯罪等案件，依照刑事诉讼法需要采取技术侦查措施的，应当经设区的市级以上国家安全机关负责人批准，制作采取技术侦查措施决定书。情况紧急需要立即采取技术侦查措施的，经设区的市级以上国家安全机关负责人批准后，可以先行采取技术侦查措施，但应当在四十八小时以内补办采取技术侦查措施的审批手续。逾期未办理的，应当立即停止技术侦查措施，并仍应补办手续。

批准采取技术侦查措施的决定自签发之日起三个月内有效，对于不需要继续采取技术侦查措施的，应当及时解除。对于复杂、疑难案件，期限届满仍有必要继续采取技术侦查措施的，应当经设区的市级以上国家安全机关负责人批准，制作延长技术侦查措施期限决定书，批准延长期限，每次不得超过三个月。有效期限届满，负责技术侦查的部门应当立即解除技术侦查措施。

第二百八十九条 技术侦查措施包括记录监控、行踪监控、通信监控、场所监控等措施。

技术侦查措施的适用对象是犯罪嫌疑人、被告人以及与犯罪活动直接关联的人员。

第二百九十条 采取技术侦查措施，应当严格按照批准的措施种类、适用对象和期限执行。

在采取技术侦查措施期间，需要变更技术侦查措施种类或者适用对象的，应当重新办理批准手续。

第二百九十一条 侦查人员对采取技术侦查措施过程中知悉的国家秘密、工作秘密、商业秘密和个人隐私、个人信息，应当保密。

采用技术侦查措施获取的材料，应当严格依照有关规定存放，只能用于对犯罪的侦查、起诉和审判，不得用于其他用途。

采取技术侦查措施收集的与案件无关的材料，必须及时销毁，并制作销毁记录。

第二百九十二条 采取技术侦查措施收集的材料在刑事诉讼中可以作为证据使用。

采取技术侦查措施收集的材料作为证据使用的，批准采取技术侦查措施的法律文书应当附卷。

第二百九十三条 国家安全机关依法采取技术侦查措施，有关单位和个人应当配合，并对有关情况予以保密。

第二百九十四条 为了查明案情，在必要的时候，经设区的市级以上国家安全机关负责人决定，可以由有关人员隐匿其身份实施侦查。但是，不得诱使他人犯罪，不得采用可能危害公共安全或者发生重大人身危险的方法。

第二百九十五条 对于涉及给付违禁品或者财物的犯罪活动，为查明参与该项犯罪的人员和犯罪事实，根据侦查需要，经设区的市级以上国家安全机关负责人决定，可以实施控制下交付。

第二百九十六条 实施隐匿身份侦查和控制下交付收集的材料在刑事诉讼中可以作为证据使用。

使用隐匿身份侦查和控制下交付收集的材料作为证据时，可能危及隐匿身份人员的人身安全，或者可能产生其他严重后果的，应当采取不暴露有关人员身份等保护措施。

第十一节 通 缉

第二百九十七条 对于应当逮捕的犯罪嫌疑人在逃的，或者越狱逃跑的犯罪嫌疑人、被告人或者罪犯，国家安全机关可以发布通缉令，采取有效措施，追捕归案。

各级国家安全机关在自己管辖的地区以内，可以直接发布通缉令；超出自己管辖的地区，应当报请有权决定的上级国家安全机关发布。

通缉令的发送范围，由签发通缉令的国家安全机关负责人决定。

第二百九十八条 通缉令中应当尽可能写明被通缉人的姓名、别名、曾用名、绰号、性别、年龄、民族、籍贯、出生地、户籍所在地、居住地、职业、身份证号码、衣着和体貌特征、口音、行为习惯，并附被通缉人近期照片，可以附指纹及其他物证的照片。除了必须保密的事项以外，应当写明发案的时间、地点和简要案情。

第二百九十九条 通缉令发出后，如果发现新的重要情况可以补发通报。通报必须注明原通缉令的编号和日期。

第三百条 国家安全机关接到通缉令后，应当及时布置查缉。抓获犯罪嫌疑人后，经设区的市级以上国家安全机关负责人批准，凭通缉令或者相关法律文书羁押，并通知通缉令发布机关进行核实，办理交接手续。

第三百零一条 需要对犯罪嫌疑人在口岸采取边控措施的，应当按照有关规定办理边控手续。

第三百零二条 为发现重大犯罪线索，追缴涉案财物、证据，查获犯罪嫌疑人，必要时，经国家安全机关负责人批准，可以发布悬赏通告。

悬赏通告应当写明悬赏对象的基本情况和赏金的具体数额。

第三百零三条 通缉令、悬赏通告应当广泛张贴，并可以通过广播、电视、报刊、网络等方式发布。

第三百零四条 被通缉的犯罪嫌疑人已经自动投案、被抓获或者死亡，以及发现有其他不需要采取通缉、边控、悬赏通告的情形的，发布机关应当在原通缉、通知、通告范围内，撤销通缉令、边控通知、悬赏通告。

第十二节 侦查终结

第三百零五条 侦查终结的案件应当同时具备以下条件：

（一）案件事实清楚；

（二）证据确实、充分；

（三）犯罪性质和罪名认定正确；

（四）法律手续完备；

（五）依法应当追究刑事责任。

第三百零六条 对侦查终结的案件，国家安全机关应当全面审查证明证据收集合法性的证据材料，依法排除非法证据。排除非法证据后，证据不足的，不得移送审查起诉。

国家安全机关发现侦查人员非法取证的，应当依法作出处理，并可另行指派侦查人员重新调查取证。

第三百零七条 侦查终结的案件，侦查人员应当制作结案报告。

结案报告应当包括以下内容：

（一）犯罪嫌疑人的基本情况；

（二）是否采取了强制措施及其理由；

（三）案件的事实和证据；

（四）法律依据和处理意见。

第三百零八条 侦查终结案件的处理，由设区的市级以上国家安全机关负责人批准；重大、复杂、疑难的案件应当报上一级国家安全机关负责人批准。

第三百零九条 侦查终结后，应当将全部案卷材料按照要求分别装订立卷。向人民检察院移送案卷时，有关材料涉及国家秘密、工作秘密、商业秘密、个人隐私的，应当保密。

第三百一十条 对于查封、扣押的犯罪嫌疑人的财物及其孳息、文件或者冻结的财产，作为证据使用的，应当随案移送，并制作随案移送清单一式两份，一份留存，一份交人民检察院。

对于实物不宜移送的，应当将其清单、照片或者其他证明文件随案移送。待人民法院作出生效判决后，按照人民法院送达的生效判决书、裁定书依法作出处理，并向人民法院送交回执。人民法院未作出处理的，应当征求人民法院意见，并根据人民法院的决定依法作出处理。

第三百一十一条 对侦查终结的案件，应当制作起诉意见书，经国家安全机关负责人批准后，连同全部案卷材料、证据，以及辩护律师提出的意见，一并移送同级人民检察院审查决定；同时将案件移送情况告知犯罪嫌疑人及其辩护律师。

犯罪嫌疑人自愿认罪的，应当记录在案，随案移送，并在起诉意见书中写明有关情况。

对于犯罪嫌疑人在押的，应当制作换押证并随案移送。

第三百一十二条 对于犯罪嫌疑人在境外，需要及时进行审判的严重危害国家安全犯罪、恐怖活动犯罪案件，应当在侦查终结后层报国家安全部批准，按照有关规定移送审查起诉。

在审查起诉或者缺席审理过程中，犯罪嫌疑人、被告人向国家安全机关自动投案或者被国家安全机关抓获的，国家安全机关应当立即通知人民检察院、人民法院。

第三百一十三条 共同犯罪案件的起诉意见书，应当写明每个犯罪嫌疑人在共同犯罪中的地位、作用、具体罪责和认罪态度，并分别提出处理意见。

第三百一十四条 被害人提出附带民事诉讼的，应当记录在案；移送审查起诉时，应当在起诉意见书末页注明。

对于达成当事人和解的公诉案件，经国家安全机关负责人批准，国家安全机关移送审查起诉时，可以提出从宽处理的建议。

第三百一十五条 人民检察院作出不起诉决定的，如果被不起诉人在押，国家安全机关应当立即办理释放手续，发给释放证明书。犯罪嫌疑人被采取其他强制措施的，应当予以解除。对查封、扣押、冻结的财物，应当依法进行处理。

人民检察院提出对被不起诉人给予行政处罚、处分或者没收其违法所得的检察意见，移送国家安全机关处理的，国家安全机关应当将处理结果及时通知人民检察院。

第三百一十六条 国家安全机关认为人民检察院作出的不起诉决定有错误的，应当在收到不起诉决定书后七日以内，经国家安全机关负责人批准，制作要求复议意见书，移送人民检察院复议。

要求复议的意见不被接受的，可以在收到人民检察院的复议决定书后七日以内，经国家安全机关负责人批准，制作提请复核意见书，连同人民检察院的复议决定书，一并提请上一级人民检察院复核。

第十三节　补充侦查

第三百一十七条　侦查终结，移送人民检察院审查起诉的案件，人民检察院退回国家安全机关补充侦查的，国家安全机关接到人民检察院退回补充侦查的法律文书后，应当按照补充侦查提纲在一个月以内补充侦查完毕。

补充侦查以二次为限。

第三百一十八条　对人民检察院退回补充侦查的案件，国家安全机关应当根据不同情况，分别作出如下处理：

（一）原认定犯罪事实不清或者证据不够充分的，应当在查清事实、补充证据后，制作补充侦查报告书，移送人民检察院审查；对确实无法查明的事项或者无法补充的证据，应当书面向人民检察院说明情况；

（二）在补充侦查过程中，发现新的同案犯或者新的罪行，需要追究刑事责任的，应当重新制作起诉意见书或者制作补充起诉意见书，移送人民检察院审查；

（三）发现原认定的犯罪事实有重大变化，不应当追究刑事责任的，应当撤销案件或者对犯罪嫌疑人终止侦查，并将有关情况通知人民检察院；

（四）原认定犯罪事实清楚，证据确实、充分，人民检察院退回补充侦查不当的，应当说明理由，移送人民检察院审查。

第三百一十九条　对于人民检察院在审查起诉过程中以及在人民法院作出生效判决前，向国家安全机关调取有关证据材料，或者通知国家安全机关补充移送、通知国家安全机关对已移送的电子数据进行补正的，国家安全机关应当自收到有关法律文书后三日以内移送有关证据材料，或者补充有关材料。

第九章　执行刑罚

第三百二十条　对于被人民法院依法判处刑罚的罪犯，如果罪犯已被采取强制措施的，国家安全机关应当依据人民法院生效的判决书、裁定书、执行通知书，将罪犯交付执行。

第三百二十一条　对于人民法院作出的无罪或者免除刑事处罚的判决，如果被告人在押的，国家安全机关在收到相应的法律文书后，应当立即办理释放手续；对人民法院建议给予行政处理的，应当依照有关法律和规定处理或者移送有关部门。

第三百二十二条　国家安全机关在收到人民法院生效的判处死刑缓期二年执行、无期徒刑、有期徒刑的判决书、裁定书、执行通知书后，应当在一个月以内将罪犯送交监狱执行刑罚。

未成年犯应当送交未成年犯管教所执行刑罚。

第三百二十三条　对于被判处死刑的罪犯，国家安全机关应当依据人民法院执行死刑的命令，将罪犯交由人民法院执行。

第三百二十四条　对于被判处有期徒刑的罪犯，在被交付执行刑罚前，剩余刑期在三个月以下的，由看守所根据人民法院的判决代为执行。

第三百二十五条　对于被判处管制、宣告缓刑、假释或者暂予监外执行的罪犯，已被羁押的，由看守所依法及时将其交付社区矫正机构执行。被执行取保候审、监视居住的，由国家安全机关依法按时将其移交社区矫正机构。

第三百二十六条　对于被判处有期徒刑由看守所代为执行的罪犯，执行期满，看守所应当发给释放证明书。

第三百二十七条　国家安全机关在执行刑罚中，如果认为判决有错误或者罪犯提出申诉，应当转请人民检察院或者原判人民法院处理。

第三百二十八条　对于依法留所服刑的罪犯，有下列情形之一的，可以暂予监外执行：

（一）有严重疾病需要保外就医的；

（二）怀孕或者正在哺乳自己婴儿的妇女；

（三）生活不能自理，适用暂予监外执行不致危害社会的。

第三百二十九条　看守所对留所服刑的罪犯符合暂予监外执行条件的，应当提出书面意见，报设区的市级以上国家安全机关批准，并将书面意见的副本抄送同级人民检察院。

对于适用保外就医可能有社会危险性的罪犯，或者自伤自残的罪犯，不得保外就医。

对于罪犯确有严重疾病，必须保外就医的，由省级人民政府指定的医院诊断并开具证明文件。

第三百三十条　国家安全机关应当自暂予监外执行的决定生效之日起五日内通知执行地社区矫正机构，并在十日内将暂予监外执行决定书送达执行地社区矫正机构，同时抄送同级人民检察院和执行地公安机关。

第三百三十一条　批准暂予监外执行的国家安全机关收到人民检察院认为暂予监外执行不当的意见后，应当立即对暂予监外执行的决定进行重新核查，并将有关情况回复人民检察院。

第三百三十二条　对于暂予监外执行的罪犯，有下列情形之一的，执行地国家安全机关或原批准暂予监外执行的国家安全机关应当及时作出收监执行决定：

（一）发现不符合暂予监外执行条件的；

（二）严重违反有关暂予监外执行监督管理规定的；

（三）暂予监外执行的情形消失后，罪犯刑期未满的。

对于暂予监外执行的罪犯决定收监执行的，由罪犯执行地看守所将罪犯收监执行。

第三百三十三条 对于不符合暂予监外执行条件的罪犯通过贿赂等非法手段被暂予监外执行的，或者罪犯在暂予监外执行期间脱逃的，罪犯被收监执行后，所在看守所应当提出不计入执行刑期的建议，经设区的市级以上国家安全机关审查同意后，报请所在地中级以上人民法院审核裁定。

第三百三十四条 看守所对留所服刑的罪犯符合减刑、假释条件的，经设区的市级以上国家安全机关批准，制作减刑、假释建议书，报请中级以上人民法院审核裁定，并将建议书副本抄送人民检察院。

第三百三十五条 对于留所服刑的罪犯，在暂予监外执行期间又犯新罪，属于国家安全机关管辖的，由犯罪地国家安全机关立案侦查，并通知批准机关。批准机关作出收监执行决定后，应当根据侦查、审判需要，由犯罪地看守所或者暂予监外执行地看守所收监执行。

第三百三十六条 被剥夺政治权利、管制、宣告缓刑和假释的罪犯在执行期间又犯新罪，属于国家安全机关管辖的，由犯罪地国家安全机关立案侦查。

对于留所服刑的罪犯，因犯新罪被撤销假释的，应当根据侦查、审判需要，由犯罪地看守所或者原执行地看守所收监执行。

第三百三十七条 对审判时尚未追缴到案或者尚未足额退赔的违法所得，人民法院判决继续追缴或者责令退赔的，国家安全机关应当配合人民法院执行。

第十章　特别程序

第一节　未成年人刑事案件诉讼程序

第三百三十八条 国家安全机关办理未成年人刑事案件，实行教育、感化、挽救的方针，坚持教育为主、惩罚为辅的原则，保障未成年人行使其诉讼权利并得到法律帮助，依法保护未成年人的名誉和隐私，尊重其人格尊严。

未成年人刑事案件应当由熟悉未成年人身心特点，善于做未成年人思想教育工作，具有一定办案经验的人员办理。

第三百三十九条 未成年犯罪嫌疑人没有委托辩护人的，国家安全机关应当通知法律援助机构指派律师为其提供辩护。

第三百四十条 国家安全机关办理未成年人刑事案件时，应当重点查清未成年犯罪嫌疑人实施犯罪行为时是否已满十二周岁、十四周岁、十六周岁、十八周岁的临界年龄。

第三百四十一条 国家安全机关办理未成年人刑事案件，根据情况可以对未成年犯罪嫌疑人的成长经历、犯罪原因、监护教育等情况进行调查并制作调查报告。

作出调查报告的，在提请批准逮捕、移送审查起诉时，应当结合案情综合考虑，并将调查报告与案卷材料一并移送人民检察院。

第三百四十二条 讯问未成年犯罪嫌疑人，应当通知未成年犯罪嫌疑人的法定代理人到场。无法通知、法定代理人不能到场或者法定代理人是共犯的，也可以通知未成年犯罪嫌疑人的其他成年亲属，所在学校、单位、居住地或者办案单位所在地基层组织或者未成年人保护组织的代表到场，并将有关情况记录在案。到场的法定代理人可以代为行使未成年犯罪嫌疑人的诉讼权利。

到场的法定代理人或者其他人员提出侦查人员在讯问中侵犯未成年人合法权益的，国家安全机关应当认真核查，依法处理。

第三百四十三条 讯问未成年犯罪嫌疑人应当采取适合未成年人的方式，耐心细致地听取其供述或者辩解，认真审核、查证与案件有关的证据和线索，并针对其思想顾虑、恐惧心理、抵触情绪进行疏导和教育。

讯问女性未成年犯罪嫌疑人，应当有女工作人员在场。

第三百四十四条 讯问笔录应当交未成年犯罪嫌疑人、到场的法定代理人或者其他人员阅读或者向其宣读；对笔录内容有异议的，应当核实清楚，准予更正或者补充。

第三百四十五条 询问未成年被害人、证人，适用本规定第三百四十二条、第三百四十三条和第三百四十四条的规定。

询问未成年被害人、证人，应当以适当的方式进行，注意保护其隐私和名誉，尽可能减少询问频次，避免造成二次伤害。必要时，可以聘请熟悉未成年人身心特点的专业人员协助。

第三百四十六条 对未成年犯罪嫌疑人应当严格限制和尽量减少使用逮捕措施。

未成年犯罪嫌疑人被拘留、逮捕后服从管理、依法变更强制措施不致发生社会危险性，能够保证诉讼正常进行的，国家安全机关应当依法及时变更强制措施；人民检察院批准逮捕的案件，国家安全机关应当将变更强制措施情况及时通知人民检察院。

第三百四十七条 对被羁押的未成年人应当与成年人分别关押、分别管理、分别教育，并根据其生理和心理特点在生活和学习方面给予照顾。

第三百四十八条 符合刑事诉讼法规定条件的未成年人附条件不起诉刑事案件，人民检察院在对未成年人作出附条件不起诉的决定前，听取国家安全机关意见时，国家安全机关应当提出书面意见，经国家安全机关负责人批准，移送同级人民检察院。

第三百四十九条 认为人民检察院作出的附条件不起诉决定有错误的，应当在收到不起诉决定书后七日以内制作要求复议意见书，经国家安全机关负责人批准，移送同级人民检察院复议。

要求复议的意见不被接受的，可以在收到人民检察院的复议决定书后七日以内制作提请复核意见书，经国家安全机关负责人批准后，连同人民检察院的复议决定书，一并提请上一级人民检察院复核。

第三百五十条 未成年人犯罪的时候不满十八周岁，被判处五年有期徒刑以下刑罚的，国家安全机关应当依据人民法院已经生效的判决书，将该未成年人的犯罪记录予以封存。

犯罪记录被封存的，除司法机关为办案需要或者有关单位根据国家规定进行查询外，国家安全机关不得向其他任何单位和个人提供。

被封存犯罪记录的未成年人，如果发现漏罪，合并被判处五年有期徒刑以上刑罚的，应当对其犯罪记录解除封存。

第三百五十一条 办理未成年人刑事案件，除本节已有规定的以外，按照本规定的其他规定进行。

第二节 犯罪嫌疑人逃匿、死亡案件违法所得的没收程序

第三百五十二条 对于重大的危害国家安全案件，犯罪嫌疑人逃匿、在通缉一年后不能到案或者死亡，依照法律和有关规定应当追缴其违法所得及其他涉案财产的，经国家安全机关负责人批准，制作没收违法所得意见书，连同案卷材料、证据一并移送同级人民检察院审查决定。

犯罪嫌疑人死亡，现有证据证明存在违法所得及其他涉案财产应当予以没收的，国家安全机关可以进行调查。国家安全机关进行调查，可以依法进行查封、扣押、查询、冻结。

第三百五十三条 犯罪嫌疑人为逃避侦查和刑事追究潜逃、隐匿，或者在刑事诉讼过程中脱逃的，应当认定为“逃匿”。

犯罪嫌疑人因意外事故下落不明满二年，或者因意外事故下落不明，经有关机关证明其不可能生存的，按照前款规定处理。

第三百五十四条 犯罪嫌疑人通过实施犯罪直接或者间接产生、获得的任何财产，应当认定为“违法所得”。

违法所得已经部分或者全部转变、转化为其他财产的，转变、转化后的财产应当视为前款规定的“违法所得”。

来自违法所得转变、转化后的财产收益，或者来自已经与违法所得相混合财产中违法所得相应部分的收益，也应当视为第一款规定的“违法所得”。

第三百五十五条 犯罪嫌疑人非法持有的违禁品、供犯罪所用的本人财物，属于“其他涉案财产”。

第三百五十六条 没收违法所得意见书应当包括以下内容：

（一）犯罪嫌疑人的基本情况；

（二）犯罪事实和相关的证据材料；

（三）犯罪嫌疑人逃匿、被通缉或者死亡的情况；

（四）犯罪嫌疑人的违法所得及其他涉案财产的种类、数量、所在地；

（五）查封、扣押、冻结的情况等。

第三百五十七条 国家安全机关将没收违法所得意见书移送人民检察院后，在逃的犯罪嫌疑人自动投案或者被抓获的，国家安全机关应当及时通知同级人民检察院。

第十一章　附　　则

第三百五十八条 根据《中华人民共和国反恐怖主义法》、《中华人民共和国引渡法》、《中华人民共和国国际刑事司法协助法》等法律，中华人民共和国缔结或者参加的国际条约和国家安全部签订的双边、多边合作协议，或者按照互惠原则，国家安全机关可以依法开展刑事司法协助和国际合作。

第三百五十九条 国家安全机关和军队互涉案件的管辖分工，按照有关规定执行。

第三百六十条 本规定 2024 年 7 月 1 日起施行。

新类型疑难案例选评

某科技发展（北京）有限公司、盛某某假冒注册商标案

苏家成*

【裁判要旨】

在组合商标情况下，对同一种商品的认定应参考《类似商品和服务区分表》，并从功能、用途、主要原料、销售渠道、消费对象等方面进行综合区分，对属于同一类商品的应当认定为同一种商品。

未经注册商标所有人许可，在同一种商品上使用与被假冒的注册商标在视觉上基本无差别、足以对公众产生误导的组合商标，情节严重的，构成假冒注册商标罪。

【案件索引】

一审：浙江省宁波市鄞州区人民法院（2021）浙0212刑初679号；

二审：浙江省宁波市中级人民法院（2022）浙02刑终346号。

* 作者单位：浙江省宁波市鄞州区人民法院。

【案情】

公诉机关：浙江省宁波市鄞州区人民检察院。

被告单位：某科技发展（北京）有限公司（以下简称某科技公司）。

被告人：盛某某。

2019 年 3 月至 12 月，被告人盛某某在经营某科技公司期间，明知其注册的“SHIP 一舟”商标核定使用范围仅为保险柜、金属食品柜、金属钱箱等商品，且明知机柜属于信息技术设备以及浙江某公司在机柜、纤维光缆、网络通信设备等信息技术设备上已经注册有“SHIP”和“一舟”商标的情况下，未经浙江某公司许可，在河北省青县批发市场北 104 国道西侧工厂内生产标有“SHIP 一舟”等标识的多种型号机柜，并以某科技公司的名义授权河某公司通过“河某电商”平台销售上述机柜，销售金额共计人民币 766829. 34 元，该平台销售机柜时使用了有“SHiP ｜一舟机柜”标识的合格证，盖章为某科技公司。

2020 年 3 月 31 日 16 时许，被告人盛某某在天津市静海区某小区被民警抓获，后民警在被告人盛某某河北省青县的工厂内查扣部分柜体标有“SHIP 一舟”“一舟机柜”的机柜，以及部分外包装标有“SHiP ｜一舟”标识的机柜 83 台（货值金额人民币 24850 元）。

【审判】

浙江省宁波市鄞州区人民法院经审理认为，被告单位某科技公司未经注册商标所有人许可，在同一种商品上使用与其注册商标相同的商标，情节特别严重，被告人盛某某系直接负责的主管人员，其行为均已构成假冒注册商标罪。公诉机关指控的罪名成立。被告人盛某某在庭审中自愿认罪认罚，可以从宽处理。据此判决：（1）被告单位某科技公司犯假冒注册商标罪，判处罚金人民币二十二万元；（2）被告人盛某某犯假冒注册商标罪，判处有期徒刑三年三个月，并处罚金人民币二十万元；（3）暂扣在公安机关的假冒“SHIP”“一舟”商标的机柜124台，予以没收。

一审宣判后，被告单位某科技公司不服，提起上诉。浙江省宁波市中级人民法院经审理认为，一审法院根据被告单位、被告人假冒注册商标罪的事实、性质、情节及对社会的危害程度所作出的判决，事实清楚、证据确实、充分，定罪与适用法律正确，量刑适当，审理程序合法，应予维持。遂裁定驳回上诉，维持原判。

［评析］

组合商标情况下假冒注册商标罪的认定

在本案的处理中，对盛某某使用其核准注册在保险柜、金属钱箱、金属食品柜等商品上的“SHIP 一舟”商标生产机柜的行为是否侵犯“SHIP”“一舟”商标专用权，构成假冒注册商标罪，存在以下两种意见。

第一种意见认为，盛某某不构成犯罪。（1）盛某某使用的商标是“SHIP 一舟”，而浙江某公司在机柜上使用的是“SHIP”和“一舟”商标，在比对是否与注册商标相同时，应将盛某某使用的商标与“SHIP”“一舟”商标分别比对，盛某某使用的商标与浙江某公司在机柜上使用的商标不相同，系对“SHIP 一舟”商标的不规范使用，不能认为是使用单独的“SHIP”“一舟”两个商标。（2）根据国家知识产权局商标局编著的《类似商品和服务区分表》，盛某某注册的“SHIP 一舟”商标核定使用商品范围为第6类，浙江某公司“SHIP”“一舟”商标核定使用商品范围为第9类，第6类中有保险柜、金属钱箱、金属食品柜等商品，机柜与金属箱、金属钱箱是同一类商品，属于金属容器，盛某某在机柜上使用“SHIP 一舟”商标没有超出核定使用商品范围。(3) 盛某某主观上无假冒注册商标的故意。盛某某认为，机柜产品商标应在第6类注册，《类似商品和服务区分表》没有机柜产品，其选择与机柜概念最接近的金属箱归类产品；盛某某将“SHIP 一舟”商标提供给某电商平台经审核后确认可以在机柜上使用；在浙江某公司提起对“SHIP 一舟”商标无效宣告诉讼中，盛某某不知道机柜属于第9类商品，也不知道浙江某公司在机柜上有注册商标。据此，盛某某不构成犯罪。

第二种意见认为，盛某某构成假冒注册商标罪。(1) 盛某某使用的“SHIP 一舟”商标易使公众误认为系两个商标的组合使用，分别与浙江某公司的“SHIP”“一舟”注册商标的构成相同，应当认定盛某某使用的商标与浙江某公司注册的商标系相同商标。(2) 盛某某生产、销售的产品从功能、用途、消费对象、销售渠道来看，与《类似商品和服务区分表》第9类信息技术设备相同，其生产的机柜与浙江某公司生产的机柜系同一种商品。(3) 根据盛某某的从业经历、作为第三人参与浙江某公司提起的“SHIP 一舟”行政诉讼及明确的攀附意图，可以认定盛某某具有假冒注册商标的主观故意。综合主客观应认定盛某某构成假冒注册商标罪。

我们赞同第二种意见，理由有以下三个方面。

一、假冒注册商标罪中组合商标情况下“相同商标”的认定

刑法意义上的相同商标存在本义说和扩张说两种观点。本义说认为，应该根据字面含义严格解释相同商标，即所指的应当是与注册商标完全相同的商标，只要存在差异就不应落入相同商标的范围；扩张说认

为，考虑到有效打击商标犯罪的需要，应当对相同商标进行必要的扩张解释，将一些存在细微差别但整体视觉效果相同的商标也纳入相同商标范畴。[①] 司法实践中，相同商标是指与被假冒的注册商标完全相同，或者与被假冒的注册商标在视觉上基本无差别、足以对公众产生误导的商标，[②] 后者中两个构成要件须同时满足，缺一不可，尤其应重视对“与被假冒的注册商标在视觉上基本无差别”的判定，以免造成刑罚的不当扩张。需要注意的是，“视觉上基本无差别”和“足以对公众产生误导”均应以普通消费者的视角进行隔离观察，因为消费者在购买某品牌商品时，不可能将实物进行比对后再购买，而是将待购商品的商标与记忆中的正品商标进行比较，在这种情况下如果存在误认的可能性，才应认定为相同商标。

具体到本案，浙江某公司在机柜合格证、外包装纸箱和机柜柜体上均使用“SHIP”“一舟”两个标识，盛某某在产品合格证、外包装上使用的标识系“SHIP 一舟”。从元素构成上看，浙江某公司的商标和盛某某的商标基本元素均由“SHIP”和“一舟”组成，“SHIP 一舟”标识中，中文和英文具有明显的区别，二者组合在一起并无特殊含义。从视觉效果上看，盛某某注册的“SHIP 一舟”商标虽然在个体层面与“SHIP”和“一舟”各自有所区别，但其组成要素完全相同，在商品上使用的排列顺序一致，在实际视觉效果上并无差别。从“足以对公众产生误导”上看，因现实生活中一个商品包装上使用多个商标的情况普遍存在，普通消费者难以认识到商品上的“SHIP 一舟”商标究竟是两个单独商标的组合还是一个完整商标，也难以分辨同一种商品上的

① 参见袁博：《论假冒注册商标罪中相同商标的刑法含义》，载《人民司法》2015年第9期。

② 参见《最高人民法院、最高人民检察院关于办理侵犯知识产权刑事案件具体应用法律若干问题的解释》（法释〔2004〕19号）第八条第一款。

“SHIP 一舟”与“SHIP”“一舟”是否存在差异。盛某某使用“SHIP 一舟”标识的方法，在现实生活中会使公众认为是“SHIP”“一舟”两个商标的同时使用，从而对商品来源产生混淆误认。据此，应将“SHIP 一舟”标识认定为对“SHIP”“一舟”两个标识的组合使用，分别与浙江某公司的“SHIP”“一舟”注册商标构成相同。

在当前知识产权保护的背景下，将相同元素合并注册的商标和单独注册合并使用的商标认定为相同商标，符合现阶段对知识产权“严保护”的大趋势，防止在商标组合上投机以逃避法律制裁的攀附现象。如果对此类行为不予以打击，容易助长将知名商标分开注册合并使用的违法犯罪行为，甚至导致有些投机者将中英文进行不符合语法的断词注册，而在商品上拼接成完整词语或单词进行侵权使用，如此会产生恶劣的社会后果。

二、假冒注册商标罪中“同一种商品”的认定

认定同一种商品，应在权利人注册商标核定使用的商品与行为人生产销售的商品之间进行比较。① 司法实践中，应当根据《商标注册用商品和服务国际分类》和《类似商品和服务区分表》，将行为人生产销售的商品与权利人商标注册文件上核定使用的商品范围进行比对。如果注册文件上的商品名称与涉案商品名称相同，则一般应当认定为相同商品。如果不相同，则要审查是否属于“名称不同但指同一事物的商品”。首先，行为人生产销售的商品与注册商标核定使用的商品在《类似商品和服务区分表》中有各自对应名称的，且通常情况下相关公众也不会认为两者指同一事物的，一般不应当认定为同一种商品。其次，

① 参见《最高人民法院、最高人民检察院、公安部关于办理侵犯知识产权刑事案件适用法律若干问题的意见》(法发〔2011〕3 号) 第五条第二款。

在判定是否属于“名称不同但指同一事物的商品”时，“名称不同但指同一事物的商品”具体包括两种情形：一种情形是，虽然权利人和行为人对各自生产的商品确定了不同的商品名称，但商标行政管理部门在商标注册工作中认定这两件商品使用的名称是相同的，或者两件商品实际对应的是《商标注册用商品和服务国际分类》中同一个商品名称；另一种情形是，权利人和行为人各自生产的商品在《类似商品和服务区分表》中对应不同的商品名称，但商品的功能、用途、主要原料、消费对象、销售渠道等方面相同，相关公众一般认为其实质上是同一种类的商品。这两种情形都应当认定为相同商品。最后，结合《商标注册用商品和服务国际分类》及其他相关证据予以综合判断分析是否系同一种商品。因《商标注册用商品和服务国际分类》不断修订，目前使用的是第11版（2017年1月1日生效）。判定相同商品时，不能仅按照最新版的内容，对商品名称简单地比对，而是要追溯商标注册时商标局使用的版本，查明是否存在将假冒产品归类于更大一类商品名称中，且又正好为权利人的注册商标核定使用的商品名称之一；或者判断假冒产品是否可以归类到注册商标核定使用的商品名称中来；或者因为《类似商品和服务区分表》中商品名称的变化是否存在“名称不同但指同一事物的商品”。总之，《商标注册用商品和服务国际分类》《类似商品和服务区分表》可以作为判断类似商品或者服务的参考，还应辅之以相关公众对商品或者服务的一般认识进行综合判断。[①]

就本案而言，第一，“SHIP 一舟”注册商标的核定使用商品为《类似商品和服务区分表》第6类保险柜、金属钱箱、金属食品柜等。第6类产品主要包括未加工的和半加工的普通金属，以及这些金属的简

① 参见郑志：《民刑交叉视角下的假冒注册商标罪客观要件研究》，载《知识产权》2020年第5期。

单制成品，如保险箱柜、金属柜、金属容器等，主要是利用金属进行简单加工后的机械和物理性能，不具备电子性能。“SHIP”“一舟”注册商标的核定使用商品为《类似商品和服务区分表》第9类的科学仪器大类，主要包括电子计算机及其外部设备、电器成套设备及控制装置等，该类产品需要高度的精密加工，在计算机方面具备电子性能，而非利用简单的机械性能。由此可见，第6类产品和第9类产品存在明显的差异，“金属柜”和“金属材料的机柜”虽然在名称上近似，但是实物差别显著，功能也大相径庭。盛某某生产、销售标有前述标识的机柜虽由金属制成，但系用于弱电工程中放置线缆、服务器等信息技术类设备，商品质量需满足信息技术设备安全要求，在功能、用途、主要原料、销售渠道、消费对象等方面与第9类机柜、配电箱等商品相同，属于《类似商品和服务区分表》第9类信息技术设备，而不是第6类具备简单机械和物理性能的金属箱。第二，分歧意见认为，《商标注册用商品和服务国际分类》频繁修改调整，商品与商品之间的界限难以区分，目前2017年修订的版本已经没有机柜商品，而出现了“计算机专用机柜”“计算机机箱”等商品，分类表仅能作为参考。但依前文分析判定相同商品时不能仅仅按照最新版的内容，对商品名称简单地一一比对，而是要追溯到商标注册时商标局使用的版本，适用当时的分类标准和行为人认知。第三，本案中盛某某提供的产品检验检测报告亦明确检验的样品为机柜，检验的依据是信息技术设备安全通用要求以及电控配电用电缆桥架等涉及信息技术、电气电缆的标准和要求。

“同一种商品”的认定不应仅仅限定在汉语文义的总体描述或者材料使用上，而应以实际功能和主要用途为主要导向。盛某某以“SHIP一舟”标识的机柜系用于网络布线的产品，与浙江某公司生产的机柜产品系同一种商品，而非盛某某注册“SHIP一舟”商标的第6类产品。

盛某某属于超出核定范围使用注册商标，从本质上说盛某某在“机柜”上本就没有使用“SHIP 一舟”商标的权利。

三、假冒注册商标罪主观明知的认定

认定假冒注册商标罪的主观明知，不能仅依靠犯罪嫌疑人的供述和辩解，而应结合犯罪嫌疑人的职业经历、专业背景、因从事同类行为受行政处罚及是否符合常识常理的主客观因素进行综合分析认定。同时，“明知”不等于确知，不要求行为人明确表示自己思想上已经明确知道正在实施假冒注册商标的犯罪行为，只要行为人应该知道所生产销售的商品是假冒注册商标的商品即可。[①] 盛某某虽辩解其注册的商标适用于金属柜，不明知浙江某公司在机柜上有注册商标，没有假冒他人注册商标的主观故意，但从以下方面分析，笔者认为足以认定盛某某假冒注册商标罪的主观故意。

首先，盛某某自 20 世纪 90 年代中期从事机柜、电视墙、操作台、监控台等产品的生产、销售，知晓机柜系用于信息技术企业，明知机柜在商品外观、功能、用途、消费对象等方面与普通金属箱柜存在明显区别。其次，盛某某知晓“河某电商”平台销售网络布线产品，向“河某电商”平台出具的授权书载明的产品即为机柜，其对于销售的涉案商品为信息技术行业使用的机柜是明知的。再次，浙江某公司就盛某某持有的“SHIP 一舟”注册商标提起的无效宣告诉讼中，盛某某担任法定代表人的某科技公司系诉讼参与人，北京知识产权法院作出的行政判决书中指出第 6 类保险柜、金属钱箱、金属食品柜等商品与第 9 类机柜、电缆、电器连接器、插座等商品在功能、用途、生产部门、销售渠

① 参见胡捷、郑荣添、曾志雄：《王某假冒注册商标抗诉案——如何认定假冒注册商标罪中的“明知”》，载《中国检察官》2011 年第 8 期。

道、消费对象等方面均不相同，不构成类似商品，浙江某公司还就“SHIP”“一舟”在机柜、电缆等商品领域的知名度进行了举证。盛某某对于“SHIP 一舟”注册商标核定使用在第 6 类商品、第 6 类与第 9 类商品存在区别且浙江某公司在电线、电缆等第 9 类商品上具有知名度均是明知的。最后，盛某某除涉案机柜外，此前并未在生产、销售的机柜或普通金属箱上使用“SHIP 一舟”标识，“SHIP 一舟”品牌的普通金属箱等产品并未流入市场亦不具有知名度，盛某某没有经营发展“SHIP 一舟”品牌的主观意志。又根据盛某某明知浙江某公司经营机柜产品，且将“SHIP 一舟”标识用于机柜产品的生产、销售实际，可以认定其明显具有攀附浙江某公司商标知名度的主观意图。

最新法律文件解读丛书

稿　　约

最新法律文件解读丛书是一套以为最新法律规范提供同步"解读"为主的系列丛书,分为刑事、民事、商事、行政与执行4个分册,按月出版。

本丛书以"解读"为重点,突出全、专、新、快、准等特点,通过对最新出台的法律、法规、司法解释、部门规章以及重要地方性法规进行同步动态解读,弥补了法律、法规、司法解释汇编类出版物没有同步阐释、解读内容的不足,为广大读者学习理解最新法律规范,正确贯彻执行法律文件,及时解决实践中的新情况、新问题,提供一个全方位、多层面的法律信息平台。

欢迎您向以下栏目赐稿:

【最新法律文件解读】主要是对最新颁行的法律文件进行解读,帮助司法和执法人员正确理解法律文件的立法背景、意义、重点内容、在适用中应注意的问题、与相关法律文件的衔接与互动关系等。

【司法实务问题研究】主要刊登对司法理论、实务及司法管理工作中的热点、疑难问题进行研究及评论的文章。

【新类型疑难案例选评】主要是对司法和行政执法实践中具有典型性和代表性的疑难案例,结合具体案情以及审理或处理结果进行简练精辟的点评,解析认识问题的方法、处理问题的法律依据和在个案中的具体适用。

【法学前沿与新视点】以摘要的形式刊登相关法学理论研究的最新动态及具有代表性和典型性的前沿问题,扩展法学研究的深度和广度。

【法律适用问题解答】主要针对司法和行政执法实践中面临的新问题、热点问题、疑难问题进行简要的解答,指出涉及的法律关系,明确法律适用依据。

稿件一经刊用即付稿酬,稿酬从优。

《刑事法律文件解读》　杨晓燕　邮箱:5184621@qq.com

《民事法律文件解读》　杨　洁　邮箱:1216921515@qq.com

《商事法律文件解读》　路建华　邮箱:shangshijiedu@126.com

《行政与执行法律文件解读》　丁塞峨　邮箱:1290312696@qq.com

人民法院出版社

最新法律文件解读丛书编辑部